Peter Dyckhoff · Himmlische Gedanken

Parce tuis queso
monachis clementia ihu;

Peter Dyckhoff

Himmlische Gedanken

Die Kraft mystischer Weisheit

Vorwort von Bischof Josef Homeyer

Mit Bildern aus dem Albani-Kodex

Kösel

Mit 11 Miniaturen und 12 Initialen aus dem Albani-Kodex, zw. 1123 - 1135,© Dombibliothek Hildesheim.

Ein besonderer Dank gilt dem Direktor der Dombibliothek Hildesheim, Herrn Jochen Bepler, und Frau Karin Bursy-Grimm, die die Veröffentlichung der schwer zugänglichen Miniaturen und Initialen aus dem Albani-Kodex ermöglicht haben.

ISBN 3-466-20413-5

Druck und Bindung: Kösel, Kempten
Umschlag: Elisabeth Petersen, München
Umschlagmotiv: Miniatur aus dem Albani-Kodex, s.o.,
© Dombibliothek Hildesheim

1 2 3 4 5 · 00 99 98 97 96

Gedruckt auf umweltfreundlich hergestelltem Werkdruckpapier (säurefrei und chlorfrei gebleicht)

Inhalt

Vorwort

Wohl zu keiner Zeit war es dem Menschen möglich, in so vielfältiger Weise Erfahrungen zu machen. Dennoch klagen viele darüber, daß es in der Ausfaltung vielfältigster Möglichkeiten ihres Lebens immer schwerer wird, den Blick ins Weite zu wenden und nicht im Gewohnten zu versinken.

»Himmlische Gedanken« wollen das Gewohnte unterbrechen. Vielleicht deshalb löst schon der Titel der hier vorliegenden Sammlung mystischer Gedanken des Origenes, seines Schülers Cassian und des Dionysius Erstaunen und Verwunderung aus.

Man wird sich zuerst daran erinnern, daß in der Schöpfung Himmel und Erde voneinander geschieden sind: Der Himmel ist nicht die Erde, sondern deren Grenze. Mit dieser ordnenden Unterscheidung ist nicht nur das Chaos gebannt, sondern auch dem Mythos gewehrt: Es gibt keinen Himmel auf Erden. Von dieser Grenzziehung her läge es nahe, auch für eine nüchterne Selbstbegrenzung des Menschen zu plädieren. Mögen seine Gedanken noch so sehr auf den Himmel gerichtet sein, es sind eben doch irdische Gedanken.

Jedoch lehrt gerade die Erfahrung des modernen Lebens, daß der ausschließlich auf irdische Gedanken zurückgekrümmte Mensch in Gefahr steht, sich auszuzehren. Warum ist das so? Droht er nicht in wirklich gnadenloser Selbstunterschätzung dies zu übersehen: Himmel und Erde stehen sich nicht nur gegenüber, sie sind auch aneinander gebunden um des Menschen willen. Der christliche Glaube erzählt die Geschichte der Bindung des Himmels an die Erde, die Geschichte des Bundes, in der Gott sich dem Menschen immer neu zuwendet, um ihn vom Tod zum Leben zu führen. Wo Himmel und Erde sich verbinden, wächst dem Menschen in einzigartiger Weise Leben in Fülle (Joh 10,10) zu, das letztlich auch im Tod nicht scheitert. Auf dieses Geheimnis, das uns unüberbietbar im Bund Christi geschenkt ist, weisen die »Himmlischen Gedanken«.

Aus der tiefen und vor allem geistlich erfahrenen Theologie der Väterzeit hat Peter Dyckhoff sensibel Anstöße zusammengetragen, die den Leser ermutigen, dem Geheimnis der Zuwendung Gottes zur Welt mitten im Alltag nachzuspüren. Auf solche »Gottesverwurzelung« (J.B. Metz) in einer immer geheimnisleerer sich verstehenden Welt sich glaubend einzulassen, dazu laden die tiefschürfenden Texte ein.

Zu Beginn dieses Jahrhunderts der großen ideologischen Irrtümer schrieb Bertolt Brecht in seinem Gedicht »Der Nachgeborene«:

»Wenn die Irrtümer verbraucht sind
Sitzt als letzter Gesellschafter
Uns das Nichts gegenüber.«

Manch einer wird sich auf den folgenden Seiten zum Widerspruch dazu reizen lassen: Es ist, auch wo alle Irrtümer verbraucht sind, noch nicht alles gesagt: Es ist noch die Geschichte von Gott zu erzählen, die unser Leben selbst ist.

Ostern 1996

Josef Homeyer
Bischof von Hildesheim

Kurze Wegweisung

Die drei Reiter auf ihren Pferden schauen nach oben – offen für Himmlisches. Staunend halten sie inne und erfahren eine neue Weg-Weisung, um ihr Leben zielgerichtet und kreativ fortsetzen zu können.
Die »Himmlischen Gedanken« möchten auffordern, im Tagesablauf für kurze Augenblicke ebenso innezuhalten, um den Blick in eine andere Richtung als die gewohnte zu lenken. In diesen kleinen schöpferischen Pausen öffnen wir uns für den Himmel, dessen tiefe Sehnsucht es ist, die Erde zu berühren, sie zu heilen und sie mit Freude zu füllen.
Auch wenn wir vorerst dabei scheinbar nur mit uns selbst, unseren Gedanken und unseren unerledigten Aufgaben konfrontiert werden, bedeutet doch jeder himmlische Gedanke – wenn ich ihn nicht nur denkend, sondern auch mit dem Herzen aufnehme – einen Aufbruch in ein neues Geheimnis, in eine bessere Welt, die wir bereits hier und jetzt in uns tragen. Genau dies ist das große Anliegen der weg-führenden Kirchenväter Johannes Cassian, Origenes und Dionysius, aus deren Gedankengut diese Auswahl getroffen wurde.

Johannes Cassian (4. Jh.) geht es vor allem um praktische Anweisungen, die das persönliche Gebet wie auch das Leben selbst verbessern.

Sein großer Lehrer Origenes (2. Jh.) zeigt nicht nur weltumfassende Schöpfungszusammenhänge auf, sondern gibt Einblick in das Geheimnis des Glaubens, in unverstehbare Schicksalsabläufe und läßt Kosmisches spüren.

Der Mystiker Dionysius (6. Jh.) erinnert den Menschen an das Licht vom Licht und macht ihm das Liebeswerben Gottes innerhalb seiner gesamten Schöpfung wieder bewußt.

Die romanischen Bilder aus dem Albani-Kodex (12. Jh.), der heute zu den hervorragendsten Handschriften des Bistums Hildesheim gehört, mögen durch ihre eigene Kraft die Worte im Schweigen unterstützen.
Die auffällig schmalen und überschlanken Figuren vor einem betont farbigen und flächigen Hintergrund bewegen sich mit sensiblen, verhaltenen Gesten und lassen Wesentliches erkennen. Ihre Aufgabe ist es – und damit wollen sie an die Aufgabe aller Menschen erinnern – die Erde wieder mit dem Himmel zu verbinden. Inmitten der gebrochenen Schöpfungsordnung empfangen sie göttliche Erkenntnis und verweisen den Betrachter auf das Himmlische.

er Himmel beginnt hier

In welchen Tiefen sich ein Mensch in seinem irdischen Leben befinden kann, ist nur zu ahnen. Aber ist es Endgültigkeit? »Himmel« – das ist kein Ort, der oben, nur über den Wolken, zu suchen ist. Der Himmel ist von den tiefsten Tiefen der Erde aus für jeden greifbar.
Die gesamte Sphäre zwischen den körperlichen, vor allem aber auch den seelischen Toden, die ein Mensch sterben kann, hat Christus durchschritten. Er hat sich der unausdenklichen Konsequenz von Verlassenheit ausgeliefert, um denen nahe und Nächster zu sein, die sich in tiefster Finsternis befinden. In der ihnen auch hier noch verbliebenen Freiheit richten sie – allem beraubt, was ihnen eigen war – ihren Blick nach oben und sehen die liebende, rettende Hand, die sie ergreifen können. An diese Handreichung kommt das Böse nicht heran – so sehr es sich auch anstrengen mag.
»Du bist hinabgestiegen in die Gründe, um uns emporzureißen. Noch wie gelähmt und gebunden an das Unten sind wir bereits von dir ergriffen. Deine kraftvolle Hand sagt uns erst, daß wir in das Reich deines Lichtes gehören. Du hast den Schlüssel zu jedem unserer Abgründe. Und jetzt hast du uns die Tür geöffnet – sie liegt für immer zerbrochen unter deinen Füßen.«

Dem Menschen ist es zur Aufgabe gemacht, beide Welten, die irdische und die himmlische, miteinander zu verbinden und die durch menschliches Fehlverhalten oftmals gebrochene Schöpfungsordnung wieder herzustellen. Damit wir uns weder in der einen noch in der anderen Welt verlieren, macht uns die Religion nicht nur mit unserem Auftrag vertraut, sondern hilft uns durch ihren praktischen und geistigen Aspekt, ihn auch zu erfüllen.

Die diesseitige Welt ist die, die wir mehr oder weniger durch unsere Sinne erfassen und durch unser Denken begreifen können. Die jenseitige Welt ist nicht von der diesseitigen Welt zu trennen, da sie bereits in ihr lebendig ist. Es ist die geistige Welt, die wir auch die »himmlische« nennen, die ewig währt und alle Geheimnisse Gottes und der ganzen Schöpfung im Werden und Vergehen in sich trägt.

Obwohl wir voll in dieser Welt leben und sie bestehen müssen, um unsere Aufgabe zu erfüllen, können wir bereits auf Grund unserer seelisch-geistigen Entwicklung in der jenseitigen Welt beheimatet sein.

Wenn wir uns vertrauend auf Gott verlassen und ihn zulassen, dürfen wir alles von ihm erwarten. Er wird zu unserer Mitte, nicht unser Ego.

Helfen wir durch unsere Art zu leben und zu beten mit, das »Bild des Himmlischen«, das jedem Menschen eingestiftet ist, zu entwickeln, wird »Unser Vater«, der in den Himmeln ist, in uns wohnen. Gott in seiner allumfassenden Wesenheit ist in uns an-wesend.

Wenn wir die Zeichen wahr-nehmen, die Gott uns auf unseren Weg schickt, und die er auch verantwortet, vermitteln sie einen tieferen Einblick in die Schöpfungsordnung. Diese Erkenntnis führt zu einer Konsequenz, bei der wir der notwendigen Unterstützung durch Gott gewiß sein dürfen. Wir erfüllen Seinen Willen.

Das in Gott ruhende ewige Leben ist auch dem Menschen mit auf seinen irdischen Weg gegeben – nicht daß er es auslösche, sondern daß es ihm helfe, sein Leben auf Gott hin auszurichten.

Man kann sich noch so weit von Gott entfernen: Er gibt immer die Möglichkeit der Rückkehr.

In Seiner überreichen Liebe und in Seinem liebenden Entgegenkommen eröffnet Gott uns Wege und bietet uns immer neu und ohne nachzutragen die Möglichkeit, zu Ihm zurückzukehren.

Auch das scheinbar Leblose hat Anteil am göttlichen Prinzip.

Das gegenwärtige Leben, unsere Zeit auf Erden, wird eher als von Gott entfernt erfahren; wir scheinen wie Fremde getrennt von unserem Vater zu leben. Die dem Menschen innewohnende Sehnsucht aber läßt uns jenes Land in uns suchen, in dem unser Vater wohnt. Auf diesem Weg sollten wir unsere eigentliche Bestimmung, das Berufensein zu Ihm, nicht aus den Augen und dem Herzen verlieren.

Unser Leben übersteigt schon hier und jetzt das Diesseits, das seine Wurzeln im allumfassenden kosmischen Sinn »in den Himmeln« hat. (Vgl. Phil 3,20)

Findet die Schwingung unseres Herzens einen Gleichklang zu den Aussagen der Heiligen Schriften, erkennen wir die jeweils zum Ausdruck gebrachte tiefe Wahrheit in uns selbst wieder, so daß uns das erhebende Gefühl überkommt, der Verfasser zu sein.

Durch unser Gebet, vorausgesetzt es steht im Einklang mit dem göttlichen Plan, können wir hier und jetzt Dinge bewirken, die ans Wunderbare grenzen.

Gebet und Arbeit – im ausgewogenen Wechsel – helfen, nach und nach Belastungen und Sorgen abzubauen und eine größere Stabilität wachsen zu lassen. Die aus dem Gebet gewonnene tiefe Ruhe und Innerlichkeit nehmen wir mit in unseren Alltag, so daß die Grenzen fließend werden, bis sie sich ganz auflösen und unser Leben, unser Empfinden, Denken, Sprechen und all unser Tun zu einem beständigen Gebet wird.

Ein Arzt, der sich am Bett eines Kranken befindet, verfügt über die Fachkenntnis, die Krankheit zu heilen. Gott hat beide zusammengeführt: den Kranken, der um seine Gesundheit betet, und den Arzt. Wenn die Heilung in Gottes Plan liegt, ist der Arzt fähig, den Patienten von seiner Krankheit zu befreien.

Wenn wir wieder fähig werden, die sichtbare Schöpfung in ihrer unendlichen Schönheit und Harmonie so wahrzunehmen, wie sie von Gott ins Leben gerufen wurde und wird, gewährt sie uns Einblick in die unsichtbare Harmonie verborgener Welten.

Für viele Menschen ist es sehr schwer zu begreifen, daß – je näher sie an die letzte Wahrheit herangeführt werden – alles sich so sehr vereinfacht, daß man es nicht für möglich hält. Hier besteht die große Gefahr, die Wahrheit nicht mehr ernst zu nehmen, da man meint, das Wesentliche müsse komplizierter sein und geleistet werden.

Im Gebet »Dein Wille geschehe wie im Himmel, so auf Erden« liegt eine sehr subtile Intention verborgen. Jeder und alles auf Erden möge sich zum eigentlichen Ursprung weiterentwickeln: vom Schlechteren zum Besseren, vom weniger Guten zum Guten.

Und die Seele öffnet sich vollkommen der Liebe Gottes, wenn sie sich von Ihm geliebt weiß und Ihn liebend erfährt. Sie spricht mit Ihm so vertraut wie ein Kind mit dem eigenen Vater, den es über alles liebt.

Wir gehen einen Schritt in unserer geistigen Entwicklung zurück, indem wir uns den göttlichen segensreichen Kräften aus freiem Willen versagen. Trotzdem bleibt das Heilsangebot Gottes immer für uns präsent. Wir können es jederzeit wieder annehmen. Aber: Gott zwingt uns nicht.

Das Bekenntnis »Jesus ist der Herr« kann nur der lebenswahrhaftig ablegen, der als Christ dem Wort Gottes treu ist und Ihm auch im Alltag dient. Ein Beten, dem nicht ein dem Wort Gottes entsprechendes Denken und Handeln zugrundeliegt, ist sinn- und zwecklos.

Wenn auch die Erfüllung unserer Hoffnung für uns bereitliegt (vgl. Kol 1,5) und der eigentliche Weg dorthin ein geradliniger ist, so müssen doch viele Menschen große Umwege machen.

Unser gesamtes Leben auf Erden ist eine Zeit der Versuchung und damit auch der möglichen Bewährung.

Körperliche Schmerzen oder seelische Qualen engen unseren Blick ein, lenken ihn nur in eine einzige Richtung, auf den Wunsch hin, endlich hiervon erlöst zu sein. So schwer es uns Menschen auch in diesen ausweglos scheinenden Situationen fallen mag: Lösen wir uns von diesem irdischen oder leiblichen Schmerz, und gelingt es uns, Schicksalszusammenhänge zu erkennen, indem wir uns im Gebet auf Gott ausrichten, erhalten wir nicht nur einen Einblick in eine andere Dimension unseres Lebens: Er wird uns auch die Kraft schenken, mit unserem irdischen Leid anders umzugehen, es zu besiegen und mit unserem Schicksal fertig zu werden.

Wer völlig im Diesseits verhaftet ist, vermag es nicht, sich vorzustellen, daß über das wahrnehmbar Existierende hinaus eine weitere Existenz möglich ist.

Wer zur Wissenschaft des Schauens, zur Betrachtung des Göttlichen, zur Erkenntnis der heiligen Erfahrungen gelangen will, muß sich zunächst mit aller Hingabe und Kraft das Wissen der Praxis erwerben: Ohne dies läßt sich die Beschauung nicht erlangen.

In jedem Leben, immer und immer wieder, gibt es mystische Momente, die von uns zugelassen werden sollten. Es sind Erfahrungen, die mit der höchsten Wirklichkeit zu tun haben, Momente überwältigender, grenzenloser Zugehörigkeit, Augenblicke universellen Einsseins. Mystische Erfahrungen haben etwas gemeinsam mit der Erfahrung des liebenden Miteinander.

Die Absicht und die tiefe Motivation des Betenden besteht darin, schon in dieser Welt und Zeit im Bewußtsein der Einheit mit Gott Erfahrungen zu machen, die trotz der körperlichen Begrenztheit des Menschen bereits ein Vorgeschmack der zu erwartenden Lebensform und Herrlichkeit sind.

Für menschliche Wahrnehmung und menschliches Denken ist das Göttlichste und Erhabenste nicht mehr faßbar, denn wir bleiben stets innerhalb Seiner Schöpfung. Daher können selbst unsere sensibelsten Wahrnehmungen und unser weitestes Denken lediglich Ausgangspunkt sein, denn der Endpunkt liegt jenseits der Schöpfung.

amit
Leben
gelingt

Die Frau im *roten* Gewand – die *rote* Farbe symbolisiert Liebe und Begeisterung – verkündet: »Ich sage euch konkret und klar, was ich erfahren durfte. Es ist die Wahrheit. Meine Zweifel, meine Angst und meine Unsicherheit sind nicht mehr da«.

Voll Staunen, fasziniert, aber das Eigentliche noch nicht fassen könnend, hören die Gegenüberstehenden überzeugende Worte, daß Leben auch inmitten von Ausweglosigkeit gelingen kann.

Sich noch an sich selbst und an dem festhaltend, was sie erlernt aber noch nicht erfahren haben – das umklammerte Buch deutet dies an – öffnen sich die Zuhörer langsam der einleuchtenden Botschaft von der Überwindung aller Negativität und Dunkelheit.

Und dies sogar von einer Frau zu hören, ist fast unglaublich!

Es ist wahr, was sie ihnen sagt:

»Nur die Liebe vermag unser Inneres wieder zu erhellen und bringt uns den Sonnenaufgang nahe. Legt doch endlich alles aus der Hand und laßt das wahre Licht in euch hinein, damit auch ihr tiefere Zusammenhänge des Lebens schaut und es zum Heil für euch und andere wird.«

Der, der klar erkennt, um was es wirklich geht, und der, der einzusehen beginnt, was ihm an Wissen und Erfahrung noch fehlt, ist seinem Ziel ganz nahe.

Einzig und allein auf einem tragfähigen Lebensfundament kann Leben gelingen, verglichen mit dem Aufbau eines hohen und geistigen Turmes, der unerschütterlich errichtet und im Vertrauen auf seine Festigkeit über seine begrenzte Dimension hinauswachsen kann. Ruht er auf einem solchen Fundament, kann ihn kein zerstörender Einsturz treffen und nicht einmal der Angriff irgendwie beunruhigen; auch heftigste Erschütterungen und trügerische Anfeindungen vermögen ihn nicht ins Wanken zu bringen.

Grundvoraussetzung dafür, daß wir auf den Anwegen zur Persönlichkeitsentwicklung richtig Fuß fassen und auf ihnen beständig weiter zu unserem Ziel gehen können, ist das Eingebundensein in eine meinen körperlichen und geistigen Fähigkeiten entsprechende sinngebende Arbeit.

Wenn uns das Erwachen himmlischer Kräfte in unserer Seele bewußt wird, wächst nicht nur eine unbändige Sehnsucht nach geistigem Leben und tieferer Erkenntnis, sondern auch die Fähigkeit, unser Leben zielgerichteter und verantwortungsvoller zu gestalten.

Das Leben an sich zielt auf ständiges Wachstum, was nicht mit Zwang verwechselt darf – und damit gleichzeitig auf größere Verantwortung. Ein gesunder Wettbewerb ist natürlich und notwendig.

Dem wahrhaft Gott Suchenden kann der geheimnisvolle göttliche Wesensgrund zu einer realen Erfahrung werden; Voraussetzung allerdings ist, daß nichts, was leben möchte und muß, unbeachtet bleibt, verdrängt oder getötet wird.

Das Gleichgewicht zwischen Ruhe und Aktivität sollte immer neu wiederhergestellt werden, denn alle Lebensprozesse können nur durch einen ausgewogenen Rhythmus wachsen.

Beginnen wir ausgeruht einen neuen Tag, erscheinen uns Probleme nicht so gravierend. Wir gehen sie tatkräftig, positiv denkend an.

Es wird einem Menschen, der in seiner geistigen Entwicklung sehr einfach und eher einfältig, aber frei von fehlgeleiteten Ansichten ist, weitaus besser ergehen als jemandem, der intelligenter, gewandter und scharfsinniger ist, aber weder Kontakt zum Grund des Friedens hat noch im Einklang mit dem Weltganzen steht: »Besser ein Gericht Gemüse, wo Liebe herrscht, als ein gemästeter Ochse und Haß dabei.« (Spr 15,17)

Wenn wir aus Profilsucht und reinem Geltungsdrang uns übermäßig für einen aufwendigen Lebensstil abrackern, leisten wir der Kraft Vorschub, die die echten Werte zerstört und somit die geistige Entwicklung blockiert.

Oft beschweren kleine und scheinbar unwichtige Dinge, die von den meisten gleichgültig hingenommen werden, in ihrer hemmenden Eigenart die ganzheitliche Entwicklung des Menschen: nicht weniger als jene größeren, die zu gefährlichen Abhängigkeiten führen.

Im Vertrauen auf das Gebet kann jeder Verzeihung erhoffen, wenn er selbst gütig und nachsichtig denen gegenüber ist, die er in seiner Welt als Schuldner empfindet.

Hätten wir ständig beide Füße am Boden und eine gute Standfestigkeit, würden wir uns bei Enttäuschungen, Mißerfolgen oder Problemen ganz anders behaupten können. Die Wurzeln eines Baumes sollten fest und tief in der Erde verankert sein, damit er Stürmen widerstehen kann, selbst wenn er zu einer großen Höhe herangewachsen ist.

Nur aus einer tiefen Ruhe und dem Schweigen kommend, können wir sinnerfüllt unsere Aufgaben angehen und sie kreativ bewegen.

Wenn der Geist unruhig ist und die Gedanken unstet, können wir keiner Situation im Leben gerecht werden, weder richtig wahr-nehmen noch klare Entscheidungen treffen. Oberflächliche Zufälle bestimmen die sich ständig ändernde Richtung der Gedanken, da der Geist nicht stabil genug ist und die Kraft nicht hat, das Wesentliche zu ergründen oder bei dem zu bleiben, was jetzt wichtig ist.

Wir beten nicht darum, die Versuchung möge uns erspart bleiben, denn das ist unmöglich. Wir beten darum, nicht in Versuchungen verstrickt zu werden und in der Versuchung zu fallen.

Einer intellektuellen Sättigung ist der Wohlgeschmack der Einfachheit vorzuziehen.

Es gibt Menschen, die sich als gering und niedrigstehend einstufen. In Folge ihres mangelnden Selbstbewußtseins versuchen sie sich überall anzupassen und überfreundlich zu sein. Sie merken nicht, wie sich eine schmeichlerische Unterwürfigkeit ihrer bemächtigt, und wie sie unfähig werden zu echter Freundschaft und Liebe.

Es ist schwer, Menschen davon zu überzeugen, daß etwas ganz Einfaches auch wertvoll sein kann, leicht zu verstehen und anzuwenden ist.

Ohne die Voraussetzung tiefer Ruhe kann weder eine Kraft gewonnen noch erfolgreich umgesetzt werden.

Es ist darauf zu achten, daß man sich nicht durch eine falsche Wahl dunklen Mächten aussetzt; denn den hiervon beherrschten Menschen wird die lebensunterstützende und aufbauende Dimension nicht zuteil. Treffen mehrere Menschen zusammen mit unguten Absichten und negativen Kräften, die sie umgeben, Menschen mit rein kommerziell ausgerichteten Zielen, entsteht eine durch und durch schlechte Atmosphäre. Es vervielfachen sich sogar die widergöttlichen Kräfte.

Eine alte Regel besagt, daß zu hoch gesteckte materielle Ziele, die nur durch ein übermäßiges, nahezu krankhaftes Engagement erreicht werden können, neue Unruhe schaffen und wiederum in größere Abhängigkeiten führen.

Das Bejahen und verantwortungsvolle Ausleben des aktiven Lebens kommt dem Plan Gottes entgegen, uns durch Erfahrungen, wie auch immer sie sein mögen, wachsen und reifen zu lassen. Anders ist es nicht möglich, daß wir die Wegweisungen wahrnehmen und ihnen folgen.

Durch die geistige Welt wird das Ertragen der Erdenschwere leichter.

Kraft muß nicht gleichbedeutend mit »Aktion« sein; sie kann sich auch in einer Ausgewogenheit oder einer angemessenen Sichtweise zeigen.

Ein Hindernis auf dem Weg nach innen sind die vielen Worte und Gedankeninhalte, die das Evangelium mit dem Wort »Plappern« bezeichnet.

Bei vielem Reden bleibt die Sünde nicht aus, wer seine Lippen zügelt, ist klug. (Spr 10,19)

Der Genuß des Fleisches von Tieren ist weder gut noch böse, die Enthaltung aber ist vernünftiger.

Die letzte Wahrheit ist nur durch intensiven Umgang mit dem Leben und dem Gehen der entsprechenden geistigen Wege zu erreichen. Beides bedingt einander.

Das Wiedererleben und Auflösen von unverarbeiteten Eindrücken sind wertvolle, wegbereitende Schritte.

Erfahrungen geistiger Höhe können wir nicht festhalten. Der Weg führt oftmals in sehr ungeistige Niederungen des Lebens, die es nicht nur zu bestehen, sondern auch fruchtbar zu machen gilt.

Es ist heilsam, von der Begrenztheit des »eigenen Hauses«, d. h. von den Pflichten, Sorgen, Gewohnheiten wie auch dem Glücklichsein durch kreative Pausen Abstand zu nehmen, indem wir Distanz und damit Überblick gewinnen, um erfrischt mit neuen Ideen und mit neuem Schwung zurückzukehren.

Das nächste Tor tut sich nur auf, wenn Leben in seiner gesamten Fülle unabänderlicher Schicksalsabläufe gelebt wird.

Die aus dem Gebet gewonnene Ruhe kann mir nicht nur helfen, meinen Alltag kraftvoller und sicherer zu bestehen, sondern sie schenkt auch das Gefühl der letzten Geborgenheit in Gott und somit Mut zum Loslassen in der Sterbestunde.

Aus der persönlichen Erfahrung und in der absoluten Gewißheit, jederzeit zu Ihm, der immer bei uns ist, zurückzukehren und Kraft aus der schweigenden Ruhe zu schöpfen, wird sich unser Leben erfüllen – auch inmitten der Schattenhaftigkeit und aller unumgänglichen Auseinandersetzungen.

Wenn das Gebet sich auch im Alltag auswirkt, so daß das ganze Leben zu einem ständigen Gebet geworden ist, dürfen wir sicher sein, daß von der Seele – geschärft durch Erkenntnis, Vernunft und Glauben – eine lebensunterstützende Kraft ausgeht, die Zerstörerisches vernichtet.

s ist alles in dir

Hören wir nicht manchmal – besonders in Bedrängnis und verwirrender Zeit – ganz tief innen eine Stimme in uns, eine Intuition, die uns gut zuspricht? Empfinden wir nicht manches Mal ein Selbstwertgefühl, das Angst vor dem Leben und unnötiges Bedenken zunichte macht – eine geistige Kraft, die uns zu klarer Entscheidung und zum kreativen Aufbruch drängt?

»Wach auf, du Schläfer, und steh auf. Werde licht, denn es kommt dein Licht, und die Sonne geht leuchtend auf über dir. Du wirst vor Freude strahlen, und dein Herz öffnet sich weit«. (Vgl. Jes 60, 1.5)

Die drei dicht beieinander liegenden Männer symbolisieren die Lebensabschnitte des Menschen:

Der junge Mann rechts außen, den der Engel an seinem Arm berührt, repräsentiert die Jugend. Der Bärtige in der Mitte versinnbildlicht das vollreife Leben. Und der dritte mit grauem Haar und weißem Bart, der seine linke Hand an das Ohr hält, um die innere Eingebung besser wahrzunehmen, symbolisiert das Alter.

Es ist alles in dir. Wach auf und verwirkliche dein Leben.

Im Innehalten erkennen wir, was Frieden bringt.

Damit Leben sich wandeln und entfalten kann, muß zunächt alles entfernt werden, was uns hindert, unser ureigenstes Leben zu leben.

Nur durch einen gesunden und ausgewogenen Wechsel zwischen dem Gebet und dem verantwortungsvollen aktiven Leben kann eine wahrhaft geistige und religiöse Entwicklung erfolgen.

Auf Gott hören wir nur, wenn wir schweigen und uns Ihm ganz anvertrauen und sensibel genug werden, tiefere Zusammenhänge zwischen Gott, den Menschen und dem Kosmos wahrzunehmen. Es ist gut, Menschen zu finden, die mit uns den Gebetsweg gehen, uns Halt geben, und mit denen wir auf der Grundlage gemeinsamer Erfahrung nach Antworten auf neue und alte Fragen suchen.

Gott möchte nicht, daß wir uns durch Zwang zum Guten wenden. Wir sollen uns ganz nach unserem eigenen freien Willen entscheiden.

Das Reich Gottes ist nicht das Reich der Sündenvergebung, sondern das Reich der Sündenüberwindung.

So wie der Morgen die Fortsetzung der am Abend zuvor begonnenen Arbeit fordert, oder wie der Landmann im Herbst erntet, was er zu einer anderen Jahreszeit gesät hat, wirken beim Menschen frühere Taten oder Denkweisen fort und verlangen Möglichkeiten zum Reifen oder zur Korrektur.

Kommen unsere Lebensimpulse aus einer gesunden Mitte, können sie sich lebensgerecht für uns selbst und andere entfalten. Wie von selbst werden wir eine aus dem Herzen strömende Liebe zum anderen verspüren, eine durch Verständnis getragene Ruhe.

Leben selbst möchte ohne Anstrengung und intellektuelle Steuerung ins Leben kommen. Die dazu notwendige Kraft wird als Energie bezeichnet und die im Schöpfungsplan vorgegebene Richtung »Intelligenz«.

Eine oftmals theatralisch zur Schau getragene Gerechtigkeit sagt über die wahre Innerlichkeit nichts aus.

Der körperlich-materiellen Schöpfung kommt eine positive Aufgabe zu. Sie ist dazu berufen, die Weiterentwicklung der Seele zu unterstützen. Daher ist der Leib in keinem Fall Widersacher, sondern Diener der Seele und des Geistes.

Obwohl wir in Ihm unseren Anfang genommen haben und Sein Bild in uns tragen, ist immer wieder ein neues Aufbrechen notwendig, um eine innere Unruhe zur Ruhe kommen zu lassen und die rechte Mitte zu finden. Viele Entscheidungen und Handlungen haben das Wesentliche in uns verschüttet, verkrustet oder verhärtet und somit unzugänglich gemacht.

Nicht die Gefühle, Gedanken, Worte und Ansichten der Menschen sind für Gott entscheidend, nicht das Äußere-in-Erscheinung-Treten, sondern das »Einfach-Dasein« vor Ihm.

Alle vernünftigen Seelen sind ihrer Natur nach gleich. Keine von ihnen war böse, als sie aus der Hand des Schöpfers aller Dinge hervorging. Viele Menschen wurden jedoch durch Erziehung, ihren Umgang und schlechte Reden in solchem Grad verdorben, daß die Sünde in einigen gleichsam zur anderen Natur wurde. Daher ist es nicht nur unmöglich, sondern nicht einmal besonders schwierig, diese zur Natur gewordene Veränderung aufzuheben, wenn man nur das eine zugesteht: daß wir uns dem über allem waltenden Gott vertrauensvoll hingeben. Guter Wille, verbunden mit Übung, vermag viel.

Wer seine wirkliche Religiösität finden und leben will, gibt alles ab, was nicht zu seinem Wesen gehört. Er hält inne und geht – bildlich gesprochen – in seine »Kammer«, wo »alle Schätze der Weisheit und Erkenntnis verborgen« sind. (Kol 2,3)

Wenn die Religiösität eines Menschen zu stark nach außen tritt und sich zeigen will, kann es durchaus sein, daß sie nur zum Schein und nicht wahrhaft existiert. Durch ein derartiges, oft unangenehm und peinlich wirkendes Sich-Zeigen besteht die Gefahr einer Selbsttäuschung. Diese kann die von Natur aus gesunden Vorstellungen in die Irre führen und ein Wachsen echter, tiefer Religiösität verhindern.

Gott unterstützt in seiner Liebeszuwendung den einzelnen Menschen, der aus sich selbst nicht immer zielstrebig entwicklungsfördernd handelt und somit der Hilfe bedarf. Hier erweist sich das Gebet als existentielle Chance, schmerzhafte Umwege zu vermeiden.

Das Böse kann nur im freien Willen zum Guten wirklich besiegt werden. Es dient letztlich einem höheren Zweck: Es soll den Menschen zur Bewußtwerdung und zur Erinnerung des Guten führen.

Vorsehung und Freiheit schließen sich keineswegs aus; im Gegenteil. Nicht das Vorauswissen Gottes, sondern der freie Wille ist Ursache des Handelns und somit auch unseres Schicksals. Gott fügt in Seinen kosmischen Plan den freien Willen des Menschen so ein, daß eine Einheit entsteht zwischen Seiner Vorsehung und dem freien Willen des Individuums.

Warum machen wir so wenig Gebrauch von der uns durch Jesus gewährten Vollmacht, »Wölfe in Lämmer zu verwandeln«? Warum schrecken wir oft vor uns selbst zurück, anstatt Geistigem in uns Raum zu geben?

In allen Religionen gab und gibt es gottnahe Menschen, die durch ihr gelebtes und oft schwer zu tragendes Leben und durch die Wahrheit ihrer Lehre und Schriften uns eine Ahnung geben von einem unendlich liebenden und guten Gott. Sie weisen uns konkrete Pfade. Machen wir – ihnen folgend – Erfahrungen, die über unsere Existenz im Hier und Jetzt hinausgehen und schon etwas mit dem Ziel des Weges zu tun haben, schwinden unsere Zweifel.

Haben wir den Wunsch und den festen Willen, den geistigen Weg zur Entwicklung unserer Seele zu gehen, müssen wir uns selbst gegenüber ehrlich und lebenswahrhaftig sein und unsere Fehler und Schattenseiten offen eingestehen.

Oft ist der Mensch kaum in der Lage, Seine leise Sprache wahrzunehmen oder gar zu verstehen. Zuweilen hindert ihn eine überlaute Welt – aber mehr noch und darüber hinaus seine eigene Unfähigkeit.

Nehmen wir Sein Heilsangebot wahr und halten inmitten all unserer Lebensaktivitäten inne, beginnt für uns bereits der Weg zu Ihm.

Die Wahrheit zwingt uns – notfalls gegen massiven Widerstand anderer – individuell Stellung zu beziehen. Der freie Wille, ausgerichtet nach der inneren Wahrheit, wird sich nicht gegen die eigene Überzeugung beugen lassen.

Die Gefahr geht von den Menschen aus, die ausschließlich ihr eigenes Ich zur Schau tragen und sich selbst darstellen wollen – schlimmer noch: wenn sich eine Bekehrungsabsicht dahinter verbirgt.

Das Ziel der Seele ist das Ähnlichwerden mit Gott, die Wiederherstellung der zerbrochenen Ähnlichkeit. Selbst dann, wenn ein Mensch sein Leben nicht nach dem Sinne des Schöpfers ausgerichtet hat und in selbst verschuldeter Dunkelheit stirbt, besteht für ihn eine neue Chance der Heilung.

Wir dürfen sicher sein, daß wir nicht durch das tiefe Gebet der Welt entrückt werden, sondern durch die Einübung die Fähigkeit erhalten, voll in dieser Welt zu stehen und aus dem Glauben heraus zu handeln. Sollte aber jemand »geblendet« werden, liegt die Schuld nicht beim Licht, das sich ja in Güte spendet, sondern beim Schauenden, der die ihm gesetzte rechte Beziehung nicht einhält.

Im Leben kann nur der erfolgreich aktiv sein, Unveränderliches und Verantwortung tragen, der immer wieder auf der Suche nach Gott ist und ein Stillsein in Ihm erfährt.

Unser Leben soll letztendlich ein Leben sein, das nicht dem Zwang unterworfen ist – weder innerlich noch äußerlich. Im Rahmen unserer individuellen Möglichkeiten haben wir selbst Entscheidungen in voller Willensfreiheit zu treffen. So ist es selbstverständlich, daß die daraus entstehenden Konsequenzen von jedem einzelnen getragen werden müssen, ohne daß er andere dafür verantwortlich machen kann.

Jeder Mensch, ganz gleich, welche Entscheidungen er getroffen hat, trifft und treffen wird, erhält immer wieder erneut die Chance, die heilbringenden und ihn zu Gott zurückführenden himmlischen Gedanken wahrzunehmen, um sie im alltäglichen Leben wirksam werden zu lassen.

Unser unsteter Geist wird selbst in wichtigsten Lebenssituationen immer wieder vom eigentlichen Thema, welches hier und jetzt ansteht, abgezogen, da wir uns der Bedeutung und Tragweite der augenblicklichen Situation nicht genügend bewußt sind: Frage ich jemanden nach seiner Meinung, habe ich die Antwort bereits im Kopf. Während ich mich einem Menschen zuwende, sind meine Gedanken bei einem anderen. Höre ich jemandem zu, ziehe ich bereits nach wenigen Sätzen Schlüsse und bilde mir ein vorschnelles Urteil.

Die Feier des Heiligen Opfers kann nur in Wahrheit gefeiert und mitvollzogen werden, wenn alle Selbstbezogenheit und Selbstsucht des Menschen, die ihn von Gott entfernt und Gemeinschaft mit ihm nicht zuläßt, aufgegeben werden.

Verantwortung und Verpflichtungen begleiten uns während des ganzen Lebens – individuell sehr verschieden. Wenn wir unseren Verpflichtungen nicht nachkommen, bürden wir uns eine zusätzliche schwere Last auf. Stehen wir zu unserer Verantwortung und erfüllen unsere Pflichten, werden wir von ihnen befreit. Wir sollten aber niemals vergessen: So lange wir in diesem Leben stehen, ist es zu keiner Stunde bei Tag und bei Nacht möglich, ganz frei von Pflichten zu sein.

Niemand ist für sich allein

Du fühlst dich grenzenlos einsam – von denen, die du liebst und die auch dich lieben, alleingelassen.
Wie schlafend und in einer anderen Welt sind sie unfähig, dich wahrzunehmen. Sie spüren deine seelischen Qualen nicht. Durch das, was du durchmachen und tragen mußt, hast du dich ganz von selbst innerlich ein Stück weit von ihnen entfernt. Oder sie von dir?
Aus der Tiefe deiner Seele schreist du auf und bist wie gelähmt dem gegenüber, was auf dich zukommt. Angst und große Traurigkeit überfallen dich, deine Seele ist zu Tode betrübt. Und – immer stärker noch werdend – fühlst du dich grenzenlos einsam.
In dieser Situation befand sich Jesus vor seiner Passion, die sich ihm bereits weit vorher offenbarte. »Da erschien Ihm ein Engel vom Himmel und gab Ihm neue Kraft.« (Lk 22,43)
Niemand – absolut niemand – wer er auch ist und wo immer er sich befindet, ist allein, wenn er sich gegen alle Angst im Gebet der Hingabe auf Gott richtet.

Denjenigen, deren Leben sinnentleert ist oder die Angst vor der Wirklichkeit haben sowie alle, die unter bedrückender Traurigkeit oder Depressionen leiden, wird ein sicheres Gefühl von Angenommensein geschenkt, wenn sie im Gebet eine der wesentlichsten Grunderfahrungen machen dürfen, letztlich in ihrer Not nicht alleingelassen zu sein. Jedem wird die Gewißheit vermittelt, daß Er unsere Schwierigkeiten weiß, stets gegenwärtig ist und uns begleitet.

Dem Betenden wird eine persönliche wirkmächtige Kraft gegeben, die den göttlichen Segen vermittelt – Engel genannt.

Nichts geschieht rein zufällig. Kein Zusammentreffen von Menschen geschieht rein zufällig. Gott, der selbst die kleinsten Details und Regungen kennt, läßt zur rechten Zeit die für uns notwendigen Begegnungen zu.

Unser Gebet erfüllt nicht nur die eigene Seele, sondern kann auch mithelfen, für andere den »Himmel wieder zu öffnen«, der für sie über eine lange Zeit in Folge selbst verursachter Fehlentscheidungen verschlossen war.

Die Begegnung mit einem hoch entwickelten Menschen oder ein geistliches, zu Herzen gehendes Gespräch läßt den Zustrom göttlicher Kraft spürbar werden.

Nicht rein zufällig begegnen uns ganz bestimmte Menschen auf unserem Lebensweg. Nahezu immer tragen wir bewußt oder unbewußt mehr oder weniger Verantwortung für sie mit. Aber auch für uns tragen wir Verantwortung.

Wir wissen, daß Gott bei denen, die ihn lieben, alles zum Guten führt. (Röm 8,28)

Auf verschiedenste Weise kann die Gnade der Erhörung erlangt werden – auch von denen, deren Leben stark von belastenden Abhängigkeiten bestimmt wird. Niemand braucht somit zu verzweifeln, denn jeder darf auf Heil und Ewigkeit hoffen.

Die Verstorbenen, die Nächstenliebe während ihres irdischen Daseins gelebt haben, sind in weit höherem Maße von ihr erfüllt und stehen den noch mit menschlichen Schwächen Belasteten zur Seite. Die Kraft ihrer Liebe kommt besonders den Menschen zu, die es schwer haben, diese Welt zu bestehen.

Nähe wird nur erfahrbar, wenn alle Hindernisse beseitigt sind. Wenn wir durch kontinuierliches Beten und ein dem Gebet entsprechendes Leben tiefere Ruhe in uns spüren, nehmen wir ganz von selbst alle die Menschen und ihre Anliegen mit in unser Gebet, die uns nahestehen, uns beeindruckt haben, und für die wir uns mitverantwortlich fühlen.

Leiden wir, leiden nicht nur hier auf Erden alle mit, die uns liebhaben, sondern auch alle aus jener Welt, die uns geistig und in Liebe verbunden sind. Freuen wir uns, dann freuen auch sie sich mit.

Nichts und niemand in der gesamten Schöpfung existiert für sich allein und ist isoliert.

Die Kraft unseres Gebetes kommt in besonderer Weise denen zu, die diese Welt bereits verlassen mußten oder verlassen durften. Daher beten wir niemals für uns allein. Im Wissen und in der Gewißheit, daß viele Verstorbene Energie zum Heil benötigen, die aus der Tiefe eines Gebetes erwächst, übernehmen wir eine Verantwortung oder sogar Pflicht.

Allein wichtig ist, daß ich zu beten beginne und Erfahrungen im Aufbrechen meiner eigenen Grenzen mache. Erst dann, wenn ich mit den mir von Gott geschenkten Fähigkeiten richtig umgehen kann, und sich mein persönliches Leben geordnet hat, finde ich zu einer echten Du-Beziehung.

Manchmal ist es unumgänglich, vorübergehend einem anderen Menschen wehzutun, vor allem, wenn es zu seinem Heil ist und Schlimmeres verhindert werden muß.

Wir sind als Menschen mit freiem Willen ausgestattet und tragen somit die Verantwortung für die gesamte Schöpfung: zur Förderung des anderen, zur eigenen Existenzsicherung und geistigen Weiterentwicklung, zum Schutz aller Hilfslosen und zur Bewahrung der Natur.

Die schweigende Hingabe an Gott wird zum Einfach-da-Sein vor Ihm.

Der Mensch ist das entscheidende, sinngebende Element des Kosmos. Da sich aber der Kosmos in andauernder zielgerichteter Bewegung befindet, nimmt auch der Mensch an dieser Bewegung teil. Er steht nicht für sich allein. Wir sind als Glieder eines gewaltigen Organismus miteinander verbunden, denn das Weltganze, der Kosmos, ist gleichsam als großes Lebewesen anzusehen, das wie in einer einzigen Seele von Gottes Kraft und Planung gesteuert wird.

Gabe und Aufgabe

Das Kind streckt seinem Gegenüber die geöffnete Hand entgegen, damit er sie fülle.
Womit? Mit sich selbst. Nicht mit irgendetwas, sondern mit sich selbst.
Das sich Aushändigen ist nicht immer einfach – weiß man doch nicht, was man sich damit »einhandelt«.
Die geöffnete Hand des Kindes drückt nicht nur ein Nehmen, sondern gleichzeitig ein Geben aus – ein Geschenk an den, der abgegeben und seine Hände ebenfalls vertrauensvoll geöffnet hat.
Die Gabe wird jetzt zur Aufgabe: Wir erfahren einen Auftrag, für den wir in dieser Welt dringend gebraucht werden.
Doch wieviel Selbstverschlossenheit und zu Fäusten geballte Hände lassen ein Empfangen nicht zu? Das Sich-Verschließen und auch das angstvolle Festhalten verhindert jegliche wahre Begegnung und ist Ursache gefährlicher Krankheiten.
Nur im vertrauensvollen Loslassen und im bereitwilligen Empfangen dessen, was uns zugedacht ist, liegt das heilbringende Wagnis unserer Existenz vor dem Urgrund der Schöpfung, der Liebe ist.
Hingabe schafft Rettung.

Aus Seiner Gabe an uns wird unsere Auf-Gabe, die es dann zu erfüllen gilt.

Wenn wir im Rahmen unserer Möglichkeiten das Liebesangebot Gottes zulassen, neue Lebenskraft gewinnen und sie für uns und andere einsetzen, werden wir zu verantwortungsvollen Mitarbeitern am kosmischen Heilsgeschehen.

Wenn persönliche, uns ganz in Anspruch nehmende Verpflichtungen gelöst sind, sollten wir für die Menschen da sein, die Opfer der Lieblosigkeit anderer geworden sind. Im Hinblick darauf, daß sie vielleicht selbst einmal Lieblose waren, ist die uns jeweils neu gestellte Aufgabe und Verpflichtung noch offensichtlicher.

Wenn wir unsere aus der Mitte kommende Intuition zulassen, sie durch die gesunde Vernunft prüfen, um sie dann entsprechend einzusetzen, wird für uns wie auch für den anderen das Richtige geschehen.

Zunächst den anderen mit seinen Sorgen und Bedrängnissen in den Blick zu nehmen und für ihn zu beten, sprengt den eigenen Egoismus.

Eine ganz wesentliche Voraussetzung für ein erfüllendes Gebet ist das Verzeihen von Unrecht, das man uns angetan hat. Je feinfühliger wir durch das Gebet werden, umso mehr Gespür werden wir auch dafür bekommen, wem und auf welche Weise wir vergeben müßten.

Um innerlich gefestigt, erfüllt und in Harmonie zu sein, um in der oft harten Lebensrealität zu bestehen, um auch andere Menschen mittragen und uneigennützig lieben zu können, bedarf es in erster Linie des Sich-Öffnens für Gott.

Da Gott, der Geber alles Guten, uns die geistigen Gaben nach Seinem Ratschluß und nach gewissen unaussprechlichen, für uns noch geheimnisvollen Rück-Sichten als Geschenk gewährt, müssen wir davon ausgehen, daß auch die Beigaben entsprechend den Empfängern und den Zeiten von unterschiedlichster Natur sind.

Im Erspüren und Wahrnehmen dessen, was wir in unserem Leben an Gutem empfangen haben, wird sich ein Gefühl tiefen Dankes an Gott einstellen. Danksagungen sind liebende Schwingungen des Herzens der Größe Gottes gegenüber auf Grund empfangener Geistesgaben.

Wie der Mensch das Brot als körperliche Nahrung in sich aufnimmt und dadurch neue Kraft und Lebensenergie erhält, so gibt das lebendige und vom Himmel herabgekommene Brot dem Geist und der Seele neue Lebenskraft.

Obwohl wir dazu geschaffen sind, gute Werke zu vollbringen, versagen wir doch immer wieder besonders im Alltag, zum Beispiel durch mürrisches Antworten, Gleichgültigkeit, liebloses Urteil oder Vorurteil. Schlimme Kettenreaktionen sind oft die Folge. Wir tragen aber Mitverantwortung für eine Welt nach Gottes Sinn. Er möchte, daß Sein Heiliger Geist uns durchdringt und in unsere Umwelt hinein ausstrahlt. Durch mangelnde Wachheit, Stumpfheit, Ich-Verfangenheit versagen wir uns Seiner Heilszuwendung, die durch uns auch andere Menschen erreichen soll. Durch unsere Verschlossenheit entsteht ein Leerraum, in den Ungeist eindringen kann. Die Dämonen lieben bekanntlich herrenlose und leerstehende Häuser.

Wir finden bei Gott Vergebung – sollten wir da nicht bereit sein, anderen gegenüber, die uns verpflichtet sind, Geduld und Verständnis zu haben?

Wollen wir von Gott versöhnlich und nachsichtig behandelt werden, müssen wir denen gegenüber versöhnlich und nachsichtig sein, die auch uns gegenüber Unrecht taten.

Der erste Schritt liegt bei uns. Damit unser Gebet erhört wird, haben wir zunächst einmal anderen das zu geben, was wir uns selbst durch Vergebung erhoffen. Vornehmlich gemeint ist, im menschlichen Miteinander subjektiv empfundene Gerechtigkeit oder unverständliche Verhaltensweisen anzunehmen und diese dem anderen nicht nachzutragen oder ihm das gar zu vergelten.

Ganz besonders schulden wir jedem anderen das, was wir uns auch von Gott und anderen Menschen erhoffen: eine aus dem tiefen Inneren kommende Liebe in einer reinen Gesinnung.

Wieviel Zeit verstrich, in der wir für andere etwas hätten tun können und sollen? Wieviel Möglichkeiten der Liebe und Versöhnung haben wir ungenutzt gelassen? Wie sollten wir uns da über einen Mitmenschen erheben oder gar etwas von ihm einfordern wollen?

So unscheinbar das Salz auch ist – wenige Körnchen machen eine Suppe schmackhaft. Ein Christ sollte für seine Umgebung so etwas wie eine Würze sein. Durch ihn sollte das Leben einen anderen Geschmack bekommen und sich verändern. Ein unbedachter, fanatischer und aufdringlicher Mensch aber versalzt den anderen nur die Suppe. Wer sie dann trotzdem auslöffeln muß, hat unter Umständen vom Christentum ein für allemal genug.

Aus wahrer Nächstenliebe kann nur der für den anderen Sorge tragen, der einen geistig-geistlichen Weg geht, in seiner eigenen Mitte gefestigt ist und in allem seine eigene Identität wahrt.

Die zum Denken und zu höherer Erkenntnis befähigten Wesen haben auf die ihnen jeweils angemessene Weise teil an Seiner über allen Verstand und Geist erhabenen vollkommenen Weisheit. Je näher sie Gott stehen, umso mehr Anteil haben sie an der Gemeinschaft mit Ihm, umso mehr brennt in ihnen das Verlangen, auch andere in diese liebende Nähe Gottes kommen zu lassen.

Es liegt an uns, ob wir am Ende unserer Zeit mit Gott, den Mitmenschen und uns selbst ins reine gekommen sind, oder ob es uns nur gelungen ist, einen großen oder kleinen Teil unserer Schuld abzutragen.

Die Hingabe des eigenen Willens an Gott üben wir im Gebet ein, damit wir – gestärkt durch Seine Gabe – mit neuer Willenskraft unsere Aufgaben wieder angehen können.

Der in die Weisheit und Herrlichkeit Gottes Eingeweihte erfährt, daß er in der schöpferischen Heilsordnung einen wichtigen Platz einnimmt, der ihm zur doppelten Aufgabe wird. Er weiß, daß er sich einerseits dem Heilsangebot Gottes nicht mehr versagen darf und alles daran setzen sollte, es anzunehmen. Gleichzeitig verspürt er die Notwendigkeit, die ihm geschenkte Gabe an andere weiterzureichen, damit auch der Nächste die Chance der ihm gemäßen Weiterentwicklung ergreifen kann.

Beten ist Aufbruch in ein neues Geheimnis

Die drei das Leben repräsentierenden Männer sitzen hoch zu Roß. Der inneren Stimme folgend und dank der lebensunterstützenden Kraft der Natur sind sie aufgebrochen und haben sich auf den Weg gemacht. Zwei von ihnen sind im Gespräch miteinander – der dritte reitet schweigend voran, die Richtung weisend.

Die Lebensbäume, ihrer individuellen Natur nach voneinander unterschieden, stehen in frischem Grün.

Der Sinn eines Aufbruchs aus festgefahrenen Lebensentwürfen, aus Verkrustungen und der Routine des Alltags ist der Aufbruch zum Ziel unseres Lebens. Folgen wir der Ahnung, der guten Intuition: Dann machen wir uns auf und bleiben im Aufbruch, verändern wir unsere irdische Situation und geben wir das ab, was nicht zu uns gehört. Die Sprache der eigenen Sehnsucht ist wahrer und muß bestimmender sein als die Fakten der äußeren Welt. Die beiden erhobenen Finger der im Gespräch vertieften Reiter verraten: Sie lassen sich bereits vom inneren Licht leiten.

Den Weg zum Ziel zeigen uns die Mystiker, also die, die etwas erfahren haben: Es ist das Gebet der Hingabe, in der der Beter sich Gott ganz öffnet. Aufbrechen in ein neues Geheimnis, damit das Licht durch uns zur Erscheinung kommt. Die unendliche Liebe des Schöpfers und die Schönheit der Schöpfung möchten sich im Antlitz der Natur, eines jeden Menschen und in der Wahrheit seines Herzens widerspiegeln.

Durch Erkenntnis wie auch durch Schicksalseinbrüche entsteht der unbändige Wunsch, sich einem höheren Wesen, Gott, zuzuwenden, um von Ihm lebensspendende Kraft zu erhalten. Das Gebet kommt diesem inneren Wunsch des Menschen entgegen und vermittelt ihm als erstes inmitten vieler Sinnlosigkeiten den verborgenen Sinn des Lebens.

Haben wir erst einmal von der Bedeutung und den weitreichenden Auswirkungen des Betens für uns selbst und andere erfahren, wird es keines äußeren Einflusses mehr bedürfen, diesen Weg weiterzugehen.

Ein Christ – er braucht kein theologisches Verständnis zu haben – weiß, daß jeder Ort der Welt ein Teil des gesamten von Gott geschaffenen Kosmos ist. So können wir an jedem Ort beten und von hier aus über die ganze Welt, den Kosmos hinausgehen, indem wir die Augen schließen – die Seele dagegen öffnen.

Jeder, der beten will, darf hoffen – ganz gleich, in welcher seelischen Verfassung er sich befindet – daß ihm das für ihn Not-wendige geschenkt wird. Wenn wir allerdings zweifeln, wird unser Gebet sicher nicht erhört.

Im und durch das Gebet erfahren wir eine tiefe Ruhe und werden frei von allem, was unsere Aufmerksamkeit ungut fesselt, Sorgen um private oder berufliche Anliegen wie auch nur die Gedanken daran nehmen ab, alles dumme und unnötige Geschwätz – vornehmlich alles Gerede über andere – hört auf, Verwirrung durch Traurigkeit läßt die Seele nicht mehr zu, alle Sucht nach Befriedigung unserer rein egoistischen Bedürfnisse wird von der Wurzel her ausgerottet.

Wir dürfen nicht aufgeben, wenn wir uns nicht gleich zu Anfang unseres Betens einer Erhörung bewußt werden und sie verwirklichen können. Sonst kann es geschehen, daß durch Zweifel und innere Widerstände die im Heilsplan Gottes uns zugedachte Liebeszuwendung verzögert oder sogar aufgehalten wird.

Allein das Ausrichten auf die Gegenwart Gottes – selbst wenn kein konkretes Gebet stattfindet – ist Beten im wahrsten Sinne und läßt den Betenden Wesentliches erfahren.

Im Ruhegebet ver-lassen wir uns nicht auf ein grenzenloses Nichts, sondern es ist ein großes Sich-ver-lassen auf Jesus Christus. Aus dieser Hingabe schöpfen wir neue Energie, Mut und auch die Freude, unseren Lebensauftrag neu durch Ihn und mit Ihm und in Ihm zu erfüllen.

Im Gebet den Namen Gottes anrufen und Ihn rühmen, ist nichts Äußeres, sondern heißt Gott in unserem Inneren, in unserer Seele, Raum gewähren.

Nur der wird aus der Tiefe des Herzens beten können, der hingebend vertraut, daß Gott alles – mag es äußerlich als Glück oder Unglück erscheinen – für die Entwicklung des Menschen tut, und daß Er um das Heil aufmerksamer besorgt ist, als wir es selbst für uns sein können.

Wir können niemals über der Wahrheit, sondern nur in der Wahrheit stehen, wenn wir durch das Gebet der Hingabe stärker die alles umfassende Liebe verspüren dürfen.

Nehmen wir eine große Unruhe mit in das Gebet, sind wir nicht offen und bereit für Gott, wird es schwer, Sein Entgegenkommen zu spüren – nehmen wir in das Gebet eine große Ruhe mit, sind offen und bereit für Gott, kann Er uns in Seinem liebenden Entgegenkommen beschenken und wandeln.

Wenn wir mit Zuversicht und ohne zweifelnde Gedanken unsere Bitte um Erhörung in das Gebet nehmen, werden wir bereits während des Betens ein Entgegenkommen spüren: Dann dürfen wir sicher sein, daß unsere Gebete von Gott angenommen werden.

Entsprechend der Festigkeit des Glaubens und der Überzeugung, daß Gott uns anschaut und helfen werde, werden wir erhört.

Dein Wille geschehe ...
Extreme finden zur gesunden Mitte. Zügellosigkeit geht über in maßvolles Leben. Ungerechtigkeit wird zu Gerechtigkeit. Unbedachtes wandelt sich in Bedachtsamkeit.

Wie im Himmel, so auf Erden ...
Dunkelheit wird zum Licht. Körperliche Materie kommt zu einer neuen ungeahnten Existenz. Irdisches vergeht – wir alle und die gesamte Schöpfung werden »Himmel«.

Beten ist Aufbruch in ein jeweils neues Geheimnis.

Steht das Gebet mit dem Heilsplan Gottes im Einklang, wird es auf jeder Stufe Frucht bringen.

Wer die Bitten um Ewiges unterläßt und statt dessen lieber um Hinfälliges und Vergängliches betet, erkennt Gott in Seiner Herrlichkeit und Größe nicht an. Sein Gebet wird dann ein wertloses sein und bei Gott nicht ankommen.

Zu einer bestimmten Gebetszeit Worte zu sprechen – damit ist es nicht getan. Erst, wenn unser ganzes Leben mit allem, was wir tun und denken, sprechen, fühlen und beten, durchströmt ist von der liebenden Gegenwart Gottes, erfüllt sich das Wort »Betet ohne Unterlaß«. (1 Thess 5,17)

Allezeit beten – gemeint ist hiermit nicht, daß man fortwährend Gebete vor sich hinsagen soll. Das rechte Beten und die Auswirkungen des Gebetes im Alltag nehmen einen immer höheren Stellenwert ein, bis sowohl das Gebet als auch das Leben zu einer beständigen christlichen Existenz werden: Das Gebet wird zum Leben und das Leben zum Gebet.

Ein klareres Schauen und Wahrnehmen kann sich nicht durch Willensanstrengung einstellen, sondern entwickelt sich erst langsam auf dem Gebetsweg, auf dem ein anderer uns führt und von allen Hindernissen befreit. Immer feinere Ebenen der Schöpfung werden sich uns offenbaren: Sinnzusammenhänge unseres Lebens, Vergangenes und Zukünftiges, die Welt der himmlischen Gedanken.

Begleiter in dieser und jener Welt

Die irdische Welt und die himmlische Welt – das Bild teilt sich in zwei Hälften, wenn wir eine Diagonale von rechts oben nach links unten ziehen. Die Engel zeigen durch ihre Hinwendung zum Himmel und gleichzeitig zur Erde die unlösbare Verbindung. Die Männer, die sich zum Schlafen niedergelegt haben, werden durch die Nähe himmlischer Gedanken geweckt. Sie horchen auf, denn sie verspüren Wunderbares.
Einer aus dem Kreis der neun Engel hat die Erde betreten. Er läßt durch seine Weisung den ersten und schon wachesten der drei Männer aufhorchen und sich aufrichten. Sich ganz öffnend, lauscht dieser dem himmlischen Gedanken.
Wartet nicht jeder Mensch darauf, berührt zu werden, angesprochen zu werden mit Zeichen der Liebe Gottes?
Hinter jedem von uns steht ein verborgener Engel, das reine Bild unseres Wesens, Wegführer in dieser Welt und Wegbegleiter zum Himmel. Er möchte uns lehren, Gefühle auszudrücken, rechte Entscheidungen zu treffen und die irdische Welt als Brücke ins Unendliche zu sehen. Gelingt es uns, aus der Nacht den Tag werden zu lassen, den Weg hinüber zu gehen von der Schau des Herzens zum Sehen der Fakten mit irdischen Augen, werden wir die oft rohe Wirklichkeit zum Besseren hin wandeln. Wir haben nichts anderes mitzubringen als Vertrauen, Ahnungen, Visionen und den Gesang der Harmonie von Engeln – eine himmlische Musik in unseren Herzen.

Wer auf der verlockenden breiten, jedoch kurvenreichen Straße mit vielen Abzweigungen seinen Weg nimmt, wird im eigentlichen Sinne nicht fortschreiten können. Die Ablenkungen üben eine derartige Faszination aus, daß die innere Aus-Richtung und Geradheit sowie auch die vorgegebene Gangart und Beschleunigung in der persönlichen Entwicklung Schaden nehmen. Dem Bild des breiten, verlockenden Weges steht das des engen und schmalen Weges gegenüber. Dieser führt – wie eine gerade aufsteigende Linie ohne die geringste Krümmung oder Biegung – direkt zum Ziel. Jesus Christus weist den Weg.

Aus Tiefen herausgezogen, in der rechten Mitte bewahrt zu bleiben und von ungesunden Höhen wieder auf den lebenswahrhaftigen Grund zurückgeführt zu werden, ist Grundanliegen eines jeden Menschen, der in seiner Begrenztheit alle Zeit auf die Hilfe und Barmherzigkeit Gottes angewiesen ist.

Aller eigenen Tätigkeit entsagend, rein passiv sich verhaltend, nimmt die Seele die unmittelbare Gegenwart Gottes auf, wird von Ihm umleuchtet, mit Ihm ähnlich und vereinigt. Dem Betenden offenbaren sich mehr und mehr verborgene Geheimnisse, die ihm durch himmlische Gedanken vermittelt werden.

Himmlische Gedanken sind Engel, das heißt Verkünder oder Boten, weil sie als erste das Licht empfangen, das erleuchtet, um es dann, durch sie hindurch, auf uns ausstrahlen zu lassen.

Wie der Mensch in seiner geistig-religiösen Entwicklung anderen Menschen auf diesem Weg hilft, so dürfen auch wir der hilfreichen Unterstützung durch himmlische Gedanken, die Engel, gewiß sein. Ihre Aufgabe besteht darin, Wesensverschiedenes durch Vermittlung miteinander in Verbindung zu bringen und somit alles Geschaffene zum Schöpfer zurückzuführen.

Durch das vermittelnde Wesen der Engel – wenn wir sie annehmen – werden uns Umwege erspart und Wege offenbar, die über die diesseitige Welt hinausführen.

In der allumfassenden liebenden Fürsorge ist allen Menschen ein individuell für sie bestimmter Engel zugewiesen, der die Aufgabe hat, den ihm anvertrauten Menschen mit hilfreicher Hand auf den richtigen Weg zu führen. Damit uns diese Kräfte bewußt werden, wir sie bejahen und annehmen können, begegnen uns, wie die Engel aus jener Welt, in dieser Welt Menschen, die uns uneigennützig die Hand reichen und uns liebevoll und behutsam zur Erkenntnis unseres eigenen Lebens führen.

Sehr häufig treten himmlische Gedanken in Menschengestalt vor unser inneres Auge, denn die himmlischen Wesen verfügen über wesentliche Eigenschaften, die auch der Mensch besitzt. Sie übernehmen ihnen zugedachte Aufgaben und damit Verantwortung. Ihnen ist es gegeben, andere anzuleiten, aufmerksam werden zu lassen und in ihrer geistigen Entwicklung zu fördern.

Engel sind helfende und dienende Kräfte zum Heil der Menschen. Sie stehen uns bei, vermitteln uns gute, kreative Gedanken und sprechen zur Seele während des Schlafes. Im Auftrag Gottes führen die Engel Sein Heilshandeln aus. Auch Menschen können zum unmittelbaren Werkzeug Gottes werden. Warum sollten diese nicht auch »Engel« genannt werden?

Die vom Schöpfer ausgehende, alles zum Besseren wandelnde Kraft der Liebe wird durch Seine Boten auch dorthin getragen, wo auf Grund zunächst fehlender Voraussetzungen kein Platz für sie zu sein scheint.

Die besondere Aufgabe der Engel ist es, Eingebungen an die Menschen zu vermitteln.

Werden den himmlischen Gedanken Raum und Entfaltungsmöglichkeiten gegeben, sind sie heilender und wirkmächtiger als alle irdischen Kräfte zusammen.

Selbst, wenn wir himmlische Gedanken nicht bewußt wahrnehmen, so sind sie es doch, die Wegweiser in unserem Leben aufstellen, durch unsere Intuition und unsere Träume sprechen, Gefahren andeuten und davor bewahren, Warnungen geben, wenn der Weg zu abschüssig ist, von Gott Inspiriertes verkünden und zur Wahrheit zurückführen, unseren Gebetsweg begleiten und die Suchenden auf das göttliche Licht ausrichten.

Himmlische Gedanken schenken die Gewißheit von der immer und überall seienden liebenden Existenz Gottes und verstärken, mehren und offenbaren gleichzeitig die Geheimnisse des Glaubens.

Die Boten Gottes sind Offenbarungsträger des höchsten Geheimnisses. Die Ehrwürdigsten offenbaren Gott als den Beweger, alle nachfolgenden das von Gott Bewegte.

Den himmlischen Gedanken kommt als Boten Gottes die Aufgabe zu, die ruhevolle Wachheit des schöpferischen Urgrundes und gleichzeitig die aus Gott strömende dynamische Bewegung durch alle Himmel bis zu den Menschen und ihrer Welt weiterzuvermitteln.

Jedem Menschen, unabhängig von seiner Geschichte oder seiner inneren Einstellung, ist eine wirkmächtige göttliche Kraft zur Seite gestellt. Durch tiefe Erkenntnis, die vornehmlich das Gebet vermittelt, aber auch durch Reifung, harte Schicksalsschläge wie auch durch Freude wird uns die Existenz der Engel als hilfreiche Boten Gottes bewußt.

Da die Engel die Gemeinschaft der reinen himmlischen Gedanken bilden und damit am Übergang der verborgenen Welt zu der uns sichtbaren Welt stehen, ist es gerade ihre Aufgabe, diese Grenze für das von Gott ausgehende Heil und Seine Botschaft in die irdische Welt hinein durchlässig werden zu lassen.

Die Engel sind als erste berufen, vom göttlichen Schweigen Kunde zu geben und das von Gott empfangene geistige Licht weiterzureichen. Wer erhält, muß weitergeben.

Himmlische Gedanken sind leuchtend klar und ungetrübt. Sie können durch nichts geschwächt werden.

Unserem Fassungsvermögen und unserer Gangart angemessen, erscheinen uns die himmlischen Gedanken oft noch unklar oder unwirklich, wenn sie sich in Ahnungen, Träumen, Symbolen und Bildern ausdrücken.

Voraussetzung einer rechten Interpretation himmlischer Gedanken ist, daß die vermittelten Eingebungen durch nichts getrübt oder beeinflußt werden. Oft trüben oder verzerren eigene Wunschvorstellungen oder eine äußere Situation die eigentliche Mitteilung. Es ist dann sehr schwer, das eine vom anderen zu unterscheiden.

Die Gemeinschaft himmlischer Gedanken ist wesentlich daran beteiligt, daß die schöpferische Entfaltung gottgemäß und machtvoll in die Welt hinein geschieht.

Fragt man sich, wie viele himmlische Gedanken es geben mag, so antworten die Heiligen Schriften, daß »die seligen Heerscharen der Gedanken« jenseits unserer Welt unzählbar sind.

Engel sind einfach Entfaltung des Einen, geistige Entfaltung Gottes. Sie vermitteln uns die alles menschliche Erkennen überragende göttliche Weisheit.

Nicht nur wir, sondern auch die feinstofflichen Wesen wie die Engel erhalten Nahrung und Leben durch die Weisheit Gottes. Im wahrhaften inneren Schauen der Weisheit erlangen sie die Kraft, um die eigenen Werke zu vollenden. Auch der Mensch kann an dieser feinsten geistigen Speise Anteil haben.

Von den höchsten Seinsformen über dem Himmel bis zu den letzten Seinsformen auf der Erde strömt Seine liebende Fürsorge. Sie berührt alles, was ist, und möchte alles und jeden jetzt und immer mit Seiner himmlischen Herrlichkeit erfüllen. Es sind die Engel, die als Mittler des Liebeswerbens Gottes und damit Verwandlungskraft bis in das noch verschattete Seelendunkel der Menschen tragen.

Himmlische Gedanken können einerseits Schlüssel sein für Vergangenes, das uns unverständlich war, andererseits uns helfen, gegenwärtige Ereignisse geistig zu durchdringen und zu klären. Sie können uns jedoch auch auf Zukünftiges vorbereiten.

Unser erstrebenswertes Ziel sollte es sein, zu noch größeren Freunden der himmlischen Gedanken zu werden, damit sie uns eine klare Sicht eröffnen und uns Einsicht in Gottes Heilsplan und die Schöpfungszusammenhänge gewähren.

er Geist, der Leben schafft

David hat ein starkes Leben gelebt, stark in der Leidenschaft für Gott, stark in menschlicher Leidenschaft, stark auch in der Tiefe der geisterfüllten Wahrnehmung. Er ist ein Mensch, der deutlich ahnt, daß Gott die Mitte ist und sein muß. Aus diesem Leben formt sich seine Melodie. Die ganze Schöpfung lauscht diesen himmlischen Klängen und wird still. Die Kelche der Blumen sind geöffnet, die Tiere halten inne.

»Nehmt Gottes Melodie in euch auf«, sagt Ignatius von Antiochien.

Der Schöpfer hat für jeden eine Stimme, eine Lebensmelodie. Und wenn jeder die ihm zugedachte Melodie Gottes wirklich hört und in sich aufnimmt, dann entsteht im Zusammenklang aller Stimmen eine Symphonie, ein Liebeslied, das nie endet. Die Liebe erfindet immer neue Melodien.

Aber manchmal kann man erst in einer Krise oder einer Krankheit seine Melodie besonders gut verstehen; manchmal ist sie uns unheimlich fremd und schwer nachzusingen. Doch immer wieder gibt es geisterfüllte Menschen – wie David – die im Spielen eines Musikstückes jene verborgene Dimension durchkommen lassen, die liebende Strahlkraft Gottes, die die Hörer über sich hinausträgt in eine andere Welt, die inmitten der unseren lebendig werden möchte.

Wenn Gott uns Sein Wesentliches mitteilt, und wir Anteil an Seinem Wesen haben, so wird das im Leben eines jeden von uns zu einer besonderen Sicherheit führen und uns vor negativen Einflüssen schützen.

Ein starkes geistiges Leben, durch das Wort Gottes in uns, läßt uns seelische und körperliche Leiden leichter ertragen.

Da wir uns als begrenzte Menschenwesen nicht anmaßen können, das Gebet letztlich in seiner vollen Dimension ganz zu begreifen, sollten wir immer wieder um den Geist der tieferen Einsicht bitten und die in den Evangelien aufgezeichneten Gebete verstehen lernen.

Kein Begriff kann einfach auf Gott hin übertragen werden, weil durch die raumzeitliche Begrenzung der menschliche Begriff wesenhaft an Konkretes gebunden ist. Die unermeßliche, unbegreifliche und unsichtbare Größe Gottes kann nicht durch etwas bestimmt werden, was mit menschlicher Gestalt und Ähnlichkeit umschrieben werden kann, was menschliche Augen erfassen sowie menschlicher Geist denken und beurteilen kann, denn die Größe Gottes ist von unkörperlicher und nicht zusammengesetzter, einfacher Natur.

Was hinter den Buchstaben der Heiligen Schrift verborgen liegt, kann sich nur durch das Gebet mit Hilfe des Heiligen Geistes als Geschenk offenbaren.

Gottes Geist weht, wo er will. Für uns Menschen ist Seine Zuwendung nicht berechenbar. Das heißt aber nicht, daß wir untätig auf die Erlösung durch Ihn warten sollen. Wir dürfen und müssen schrittweise auf Ihn zugehen, um Sein Entgegenkommen zu erfahren.

Das Wort ist ganz nahe bei dir, es ist in deinem Mund und in deinem Herzen, du kannst es halten. (Dtn 30,14)

Menschliche Gefühle, Gedanken und die Akzeptanz durch andere können instabil sein und damit auch schnell vergänglich. Das wahrhaftige Gebet ist imstande, eine Brücke vom Vergänglichen zum unvergänglich Ewigen zu schlagen, indem es die immer neue Einübung verlangt, sich vertrauensvoll einzig und allein auf Gott zu verlassen, auf Seinen Heiligen Geist.

Das Gebet nimmt den ganzen Menschen innerlich in Anspruch; Leben und Gebet gehören zusammen. Daß der Mensch überhaupt zu einem wirksamen Gebet fähig ist, verdankt er dem gnadenhaften Charakter seiner Gott-Ebenbildlichkeit.

Das Erkennen des göttlichen Wesens in uns selbst wird weder in erster Linie durch eine von außen herangetragene religiöse Lehre verursacht noch sind wir es selbst, die zu dieser Erkenntnis finden. Die Offenbarung des Göttlichen geschieht durch Wieder-Erinnerung.

Ist jemand in der Lage, die Zeichen und die vielen Wegweisungen im Zusammenhang mit der uns nicht sichtbaren Welt wahrzunehmen, kann er auch die größeren und göttlicheren Dinge, die für sein Leben notwendig sind, geistig erfassen.

Nur auf der Grundlage der eigenen Erfahrungen werden uns die kosmischen Ordnungsprinzipien der Schöpfung einsichtig, können wir die Symbole entschlüsseln, die auf die verschiedenen Stufen des göttlichen Planes verweisen.

Gott, der über allem Sein steht, hat alles Seiende ins Dasein gebracht.

Wenn schon der Gedanke oder die Erinnerung an einen vorbildlichen und in seiner geistig-seelischen Entwicklung hochstehenden Menschen den Wunsch in uns weckt, ihm ähnlich zu werden und schlechte Angewohnheiten zu meiden, um wieviel mehr wird für uns an Gutem geschehen, wenn wir uns an Gott erinnern, den Vater und Schöpfer des ganzen Kosmos?

Nicht Worte sind wichtig, nicht Verstehen ist wichtig – das Spüren einer umfassenden Liebe gibt Vertrauen.

Durch eine vertrauende und bedingungslose Hingabe an einen geliebten Menschen, durch das bejahende Annehmen einer unabdingbaren Lebenssituation wie auch vornehmlich durch das Gebet, entsteht eine derartige Klarheit und Einfachheit des Bewußtseins, daß die Boten Gottes erkennbar und ihre Botschaft verstehbar werden.

Gottes Heiliger Geist wird sich wie ein Wasserzeichen in die Seele all derer einprägen, die ihr Leben auf Geistiges und Geistliches hin ausrichten.

Gott ist primär Heil und Retter, und nur weil Er die Individualität eines jeden will, bewahrt Er einen jeden und ein jedes rettend vor dem Absinken – Er, der Fehler liebend verzeiht, das verschüttete Gute wieder ergänzt, der Unordnung und Unschönheit ordnet und zur Vollkommenheit führt.

In jeder Erscheinungsform liegt Geistiges.

Gott, der uns nicht von Versuchung befreit, läßt aber auch nicht zu, daß wir in solche Versuchungen geraten, deren wir aus eigener Kraft nicht widerstehen könnten.

Die mit unserer Entwicklung verbundenen Erfahrungen und Erkenntnisse erhalten wir nicht durch Entrückung, sondern über eine gotterfüllte Durchgeistigung. Die Persönlichkeit darf niemals ausgeschaltet oder sogar vernichtet werden.

Im Nichtsehen und Nichterkennen liegt die Möglichkeit, Den zu sehen und zu erkennen, der all unser Sehen und Erkennen übersteigt.

Wir dürfen uns Gott nicht passend zurechtschneidern, um Ihn zu einem idealen Partner oder bequemen Idol zu machen. Damit weichen wir der Realität Gottes aus: Seiner absoluten Transzendenz und Seiner gleichzeitig unmittelbaren liebenden Nähe durch Seinen Geist, der in uns wohnt.

Gott lenkt die Konsequenzen menschlicher Fehlentscheidungen in eine heilsame Bahn.

Versucht man, eine Krankheit übermäßig schnell zu besiegen, läuft man Gefahr, nur die Symptome zu bekämpfen, ohne den eigentlichen Krankheitsherd auszumerzen. So würde auch eine vorschnelle Heilung von Sünden und eine Tilgung der Schuld durch Gott leicht eine Gleichgültigkeit und Verachtung gegenüber der Sünde fördern, so daß die Seele rückfällig wird.

Das »tägliche Brot«, um das wir bitten, und das wir zu uns nehmen, sollte der jeweiligen geistigen Natur des Menschen entsprechen. Dann verleiht es der Seele Gesundheit, Wohlbefinden, Stärke und Anteil an der Unsterblichkeit – denn unsterblich ist das Wort Gottes.

Indem wir Ja sagen zum Ablauf unabänderlicher Ereignisse, sind wir frei von allen Ablenkungen und Bindungen, die den folgerichtigen Verlauf unserer Entwicklung stören. In unserem Inneren, auf feineren Ebenen unseres Seins, sind keine negativen Gedanken mehr, die eine Unzufriedenheit mit unserem Schicksal widerspiegeln oder andere Menschen belasten. Selbst tiefe innere Vorwürfe gegen Gott auf Grund unverständlicher und durch uns nicht beeinflußbarer Ereignisse schwinden. Es bestehen keine Vorbehalte – ganz gleich, was Er uns zur Prüfung schickt.

Licht vom Licht

Die drei Reiter auf ihren Pferden schauen nach oben – offen für Himmlisches. Staunend halten sie auf ihrem Weg inne und erfahren eine neue Weg-Weisung: Der Stern als Licht vom Licht offenbart sich ihnen inmitten der Lebensbäume, die jetzt reife Früchte tragen.
Die Verheißung ist greifbar geworden: »Ich will euch den Morgenstern geben« (Offb 2,28) – in der Nacht der Chaosmächte ein Zeichen der Orientierung und der Hoffnung.
Es wird Tag. Das Licht wird kommen. »Ich, Jesus, bin der strahlende Morgenstern«. (Offb 22,16)
Aber wie gewinnen wir Augen dafür, inmitten des Unscheinbaren Sein Licht aufzunehmen? Orientieren wir uns nicht zu häufig an den Positionslichtern, die am Bug unseres eigenen Schiffes befestigt sind?
Die Frage ist, wie man im Raum des Menschlichen überhaupt dieses strahlende Licht wahrnehmen und ins Herz einlassen kann: nicht, indem wir etwas Glänzendes tun und Ansehen gewinnen.
In jeder Liebe, in jedem Du erscheint das innere Licht. Vielleicht wird nichts anderes von uns verlangt als ein Gesicht leuchten zu machen, bis es durchsichtig wird und der Abglanz des Göttlichen in ihm aufleuchtet.

Es gibt Menschen – manchmal begegnet man ihnen zur großen Freude – von denen eine solche Strahlkraft ausgeht, daß man sich sofort in ihrer Nähe wohlfühlt. Nichts hindert sie, das zu leben, wovon sie überzeugt sind, und das zu sagen, was ihre Intuition ihnen eingibt und sie für richtig halten. Es ist, als ob das klare, helle Sonnenlicht ungehindert durch ihre Seele und jede Zelle ihres Körpers flutet.

Gott hat seine Ebenbildlichkeit in die Seele des Menschen gelegt, dem Geschöpf einen göttlichen Funken mit auf den Weg gegeben, damit dieser Funke wieder auf Gott hin entbrenne.

Der Schöpfer gewährt jedem den Anteil an seinem eigenen Licht, der ihm zukommt. Die Frage ist nur, wie weit wir es annehmen, in uns aufnehmen und eine innere Wandlung und Umgestaltung durch Ihn und auf Ihn hin zulassen. Ständig und überall erhalten wir durch Gottes liebendes Entgegenkommen dieses Angebot, wiederzuerkennen, daß wir Ihm ähnlich sind und in der Lage, mit Ihm eins zu werden.

Die ausstrahlende Gnade Gottes, die allen Wesen entgegenkommt, wirkt befreiend, erleuchtend und schafft Vollkommenheit. Diese drei Stufen wird der Betende erfahren.

Das die gesamte Schöpfung durchströmende Prinzip der Güte hilft, sich einfach und ohne Umwege auf Gott auszurichten.

Die Hingabe an Ihn, der es unendlich gut mit uns meint, führt zu einem lichterfüllten Aufstieg, einem Angenommensein auf sicherem Grund und läßt damit Gottesbegegnung zu.

Wie ansteckend das Feuer der Liebe wirkt, hängt ganz von der Entflammbarkeit der Substanz ab, die durch das Feuer berührt wird.

Die uns von Gott zugedachte Gabe wird uns übervoll und überhell immer neu vermittelt – unabhängig von unserer Zu- oder Abwendung. Es liegt an uns selbst, ob wir die göttliche Mitteilung in uns aufnehmen.

Unser Bewußtsein und unsere Innerlichkeit sind so geschaffen, daß wir vorbehaltlos das unendliche Meer des göttlichen Lichtes in uns aufnehmen können, die Liebe, die bereit ist, sich ausnahmslos an alle zu verschenken.

Durch grenzenloses Vertrauen in die geistige Wahrheit und durch Hingabe an Ihn beginnt der Wesenskern unserer Seele zu strahlen, so daß uns die Schönheit der ihr eingeprägten Urbilder einleuchtet.

In Seiner liebenden Vorsehung und Güte hat Gott dafür gesorgt, daß Seine Strahlkraft der Liebe ungebrochen bis in alle Räume und Herzen der Schöpfung dringen kann. Der menschgewordene Gottessohn zeigt diesen Weg auf, der sogar in das äußerste Leiden und Sterben dieser Welt Licht und neue, lebensspendende Hoffnung bringt.

Gott ist Licht, und keine Finsternis ist in Ihm. (1 Joh 1,5)

Die Welt, in der wir leben, verbirgt letztlich – trotz strahlender Augenblicke – die Gesamtheit und Fülle des göttlichen Lichtes.

Wenn wir, oft aus verkrustetem Umfeld, aufbrechen und uns aus freier Willensentscheidung auf den Weg zu lohnenderen Lebenszielen begeben, unterstützen uns bereits bei diesem Aufbruch die vom göttlichen Urgrund ausstrahlenden lichtvollen Kräfte.

Jeder nimmt nur so viel vom göttlichen Licht auf, wie es die individuelle Natur zuläßt.

Viele Menschen besitzen die Vermessenheit zu glauben, mit Hilfe ihrer eigenen Erkenntniskraft sich Dem geistig nähern zu können, der sich in Dunkelheit hüllt, und von dessen Glanz die Wolken erstrahlen.

Durch die Beschränkung unserer Erkenntnisfähigkeit nehmen wir die übergroße Helligkeit des göttlichen Wesensglanzes vorerst nur als Dunkel wahr. Damit trotzdem das göttliche Licht in unserer Seele aufleuchten und sie belichten kann, benötigen wir eine schrittweise Annäherung an dieses göttliche überlichte Dunkel.

Auch Menschen, die durch Unwissenheit, falsche Wahl oder bewußte Abkehr von Gott dunkle Schatten in ihre Seele aufgenommen haben, dürfen auf Heilung und Befreiung durch Jesus Christus hoffen und auf Ihn vertrauen, der sich immer neu offenbaren möchte, um die Werke der Finsternis zu zerstören.

Unser Vater, der du bist in den Himmeln – dieses Sein Gottes ist nicht körperlich zu verstehen. Es sprengt all unsere Vorstellungskraft, denn Gott hat weder eine körperliche Gestalt noch ist Er von einer räumlichen Dimension – dem Himmel – umgrenzt.

Die Gesamtheit dessen, was ist und existiert, das Himmlische und das Überhimmlische, das Irdische und Unterirdische, ist als ein vollkommener Kosmos im allgemeinen Sinn zu bezeichnen.

Es ist eine große Faszination und ein erhebendes Erlebnis, wenn der Mystiker – das sind wir von Natur aus alle – wahrnimmt, daß in unserer eigenen Existenz ein Nachhall der obersten, geistigen Vollkommenheit Gottes schwingt. Dieser Klang Gottes in der Tiefe unserer Seele, der durch alle Stufen Seiner Schöpfung widerhallt, möchte uns zu Ihm zurückrufen.

Geheimnis des Glaubens

Unglaublich, fassungslos und voller Angst: Das haben sie nicht erwartet.
Sie sind sprachlos und warten auf ein Wort des Engels. Aber Engel machen keine Worte. Ihre Antwort liegt nur im Schauen. Die drei Frauen schauen den Engel, der Engel wiederum schaut das Leben – einfach nur das Leben und nicht den Tod. Antworten liegen oft nur im Schweigen und im Schauen.
Im Augenblick der Offenbarung eines großen Geheimnisses, im staunenden Innehalten und im Wahrnehmen der eigentlichen Wahrheit des Glaubens schwindet alle Angst. Wie ein weit gespannter Bogen geht der himmlische Gedanke, die Kraft der wahren Erkenntnis, auf die drei Frauen über.
Und gleichzeitig geschieht etwas äußerst Wichtiges, aber immer wieder Unerhörtes:
Die dunklen Gegenkräfte fallen machtlos und ohnmächtig zu Boden. Das eben noch Angstmachende und unbesiegbar Erscheinende schrumpft in sich nichtig-nutzlos zusammen. Wie grenzenlos dumm, lächerlich und desorientiert wirken die vier kleinen Krieger am Boden den Aufrechten gegenüber ...
Den drei Frauen ist ein tiefer Einblick in das göttliche Geheimnis gewährt:
Die Überwindung des Todes durch die Auferstehung und das Leben.

Einfach ist das Wort Gottes
Ein-fach nämlich ist das Gute,
viel-fältig aber das Nicht-Gute;
und ein-fach ist die Wahrheit,
viel-fältig aber sind die Lügen;
und ein-fach ist die wahre Gerechtigkeit,
viel-fältig aber sind die Möglichkeiten, sie zu verstellen;
und ein-fach ist die Weisheit Gottes,
viel-fältig aber die Weisheit der Beherrscher dieser Welt;
und ein-fach ist das Wort Gottes,
viel-fältig aber sind die gottentfremdeten Worte.

Der Mensch als sterbliches Vernunftwesen kann die zentrale Frage nach dem Sinn und den Seinszusammenhängen allen Lebens letztlich nicht selbst beantworten. Vieles von Gott in Weisheit Geschaffene bleibt für ihn unfaßbar und unerreichbar.

Jegliches Erkennen hier auf Erden ist »Stückwerk« im Vergleich zum unmittelbaren Erkennen Gottes, das später einmal weder durch Leiblichkeit noch durch Sinneserfahrung getrübt sein wird. Wir sind auf dem Weg – alles menschliche Wissen bleibt fragmentarisch.

Das Wahr-nehmen des Verborgenen und das Erfassen dessen, was hinter dem Sichtbaren geschieht, ist ohne die Erfahrung des Betens und damit der Hingabe an Gott nicht möglich.

Hingabe schafft Rettung.

Nur im Loslassen und sich Öffnen für Gott, der die unendliche Liebe ist, kann sich das göttliche Geheimnis offenbaren.

Der Sinn der Heiligen Schriften geht uns nicht allein durch das Lesen des Textes auf. Er ist für uns be-greifbar geworden, da er inhaltlich nicht nur in unseren Gedanken nachvollzogen wurde, sondern bereits vor dem Lesen in unserem Inneren zur lebendigen Wahrheit geworden ist.

Nichts ist aus sich selbst vollendet, niemand ohne Sehnsucht nach Vollendung – außer dem Seinem Wesen nach in sich selbst Vollendeten und aller Vollendung Vorausgehenden.

Gott selbst ist zwar allem Seienden gegenwärtig und nahe – aber nicht alles Seiende ist bei Ihm.

Wenn unser irdisches Zelt abgebrochen wird, dann haben wir eine Wohnung von Gott, ein nicht von Menschenhand errichtetes ewiges Haus im Himmel. (2 Kor 5,1)

Wenn das, was wir erbitten, mit dem Willen des Herrn übereinstimmt, können wir absolut sicher sein, erhört zu werden; nicht gemeint sind jedoch Bitten, die lediglich im Interesse eines eigennützigen Wohlergehens und einer zeitlichen Befriedigung liegen. Dessen müssen wir uns auch beim Beten des Vaterunser bewußt werden: »Dein Wille geschehe« – also nicht der unsere. Manchmal wird das, um was wir bitten, uns zu unserem eigenen Vorteil verweigert, da Er besser und wahrhaftiger sieht, was für uns not-wendig ist.

Durch die Auferstehung, in die wir alle mit hineingenommen sind, wird unser ganzes Wesen gerettet sein und in der Fülle auf ewig leben.

nendliche Freude

Tief empfundene Freude kann sich im Miteinander und Zueinander zweier Menschen auch körperlich ausdrükken. Die beiden Frauen umarmen sich. Ihre gemeinsame Freude möchte sich verschenken, strahlt aus wie das Licht, das nicht im Verborgenen bleiben darf.

Daher öffnen die beiden Frauengestalten rechts und links den Vorhang, der das im Herzen aufbrechende Geheimnis der Freude bislang verborgen hielt.

Hier ist Unbeschreibbares nur zu ahnen – ohne jedes Wort. Aus dem Sehnen, der Ferne, ist Nähe geworden, spürbar im Einssein der Freude.

Ist dieses Bild nicht von einer so zarten Intimität, von einer so reinen Zärtlichkeit, daß es vielleicht doch wieder von dem Vorhang verdeckt werden sollte?

Der Blick der beiden Frauen kommt aus der Ruhe des Gehaltenseins; ihre Arme zeigen die Gebärde des Bergens. Eine unendliche Freude strömt von ihnen aus – eine Freude, die man nur mit dem Herzen »begreifen« kann. Drückt nicht das, was hier geschieht, die Sehnsucht eines jeden Menschen aus?

Der Urgrund der Schöpfung, das geheimnisvolle Kraftfeld wird lebendig. Die göttliche Liebe und die menschlich-freundschaftliche Liebe – beide gehören zusammen, beide möchten sich verschenken und überströmen in unendlicher Freude.

Fröhlichkeit und Heiterkeit der Seele heißt in der Schrift: »Raum schaffen«. Diese lichte und befreiende Lebensqualität schenkt uns Gott in Zeiten der Bedrängnis, indem Er uns durch die helfende Gegenwart seines Wortes ermutigt und rettet.

Für den Menschen ist die Freude notwendig und lebensunterstützend. Wie der Mensch, so kann sich auch die gesamte Schöpfung – bis hin zu den himmlischen Gedanken – freuen.

Wer sich nach Sonnenstrahlen sehnt, ist weder erfreut über die Anwesenheit noch betrübt über die Abwesenheit des Schattens. Wenn er von der Sonne beschienen wird, ist seine Sehnsucht erfüllt, und er hat das Notwendigste.

Tägliches Leben, selbst unter schweren Belastungen, wird lebenswerter und heiterer, wenn es von innerer Ruhe getragen wird. Der Boden wird bereitet für das Erblühen verborgener oder vernachlässigter Lebensqualitäten; Verdrängtes tut sich wieder auf. Die Fähigkeit zur Unterscheidung wird geschärft, die Entschiedenheit gefördert, der Überblick größer. Die Liebe zu uns selbst, zu anderen Menschen, den Tieren und der ganzen Schöpfung wächst in einer solchen Weise, daß Verfehlungen, negative Eingriffe oder gar Zerstörungen unmöglich werden.

Durch Kontinuität, Ausdauer und Beständigkeit im Beten wird ganz allmählich ein befreiender, erhebender und glücklicher Zustand der Seele erreicht – auch außerhalb der Zeit des Gebetes.

Die von unserem Inneren ausgehende geistige Harmonie erfahren wir als Kreativität, die eine tiefe Freude hinterläßt. Das eigene Leben wird in angemessener Weise verwaltet, und die Aufgaben in dieser Welt werden mit Elan und Engagement angegangen. Das Reich Gottes wird in uns zu einem Zustand Gott-erfüllter Innerlichkeit.

Wie kann vor dem Hintergrund der Erfahrung großer kosmischer Zusammenhänge ein Mensch in seinem Alltag noch kleinlich um Tage, Stunden oder gar Minuten streiten?

Das höchste Ziel, im Urgrund Liebe auf Dauer verankert zu sein, darf nicht einmal durch den Ansatz eines Zwanges gefährdet werden.

Mit zunehmender geistiger Entwicklung und Nähe zu Gott werden die Worte weniger.

Die Sehnsucht Gottes ist es, den Menschen mit Seiner liebenden Fürsorge zu beschenken.

Da alles in der Weltordnung auf Gott verweist, der mit nichts zu vergleichen und nicht zu begreifen ist, ist der letzte Sinn nicht etwa ein Wissen um Gott oder gar die Darstellung Gottes, sondern die Liebe: als die unaufhörliche Liebe zu Gott.

Freude ist höheren Ursprungs – eine wunderbare Ruhe und eine lebendige gute Unruhe zugleich. Sie möchte begeistern, sich mitteilen und sich verschenken. Freude ist schließlich der Himmel und das Paradies und die erspürte Gegenwart Gottes. Daher ist es lebenswichtig, die Quellen der vielleicht verlorenen Freude wiederzufinden. »Herzensfreude ist Leben für den Menschen.« (Sir 30,22)

Bilder aus dem Albani-Kodex

Kapitel	Motiv
Der Himmel beginnt hier	Höllenfahrt Christi (Eph 5,14; 1 Petr 2,9)
Damit Leben gelingt	Maria Magdalena berichtet den Jüngern vom leeren Grab (Mt 28,7)
Es ist alles in dir	Der Traum der drei Könige (Mt 2,12 a)
Niemand ist für sich allein	Gebet am Ölberg (Lk 22, 39-44)
Gabe und Aufgabe	Anbetung der drei Könige (Mt 2,11)
Beten ist Aufbruch	Rückkehr der drei Könige (Mt 2,12 b)
Begleiter	Verkündigung an die Hirten (Lk 2,9-14)
Der Geist, der Leben schafft	König David auf dem Thron (2 Sam 22; Ps 18)
Licht vom Licht	Die drei Könige folgen dem Stern (Mt 2,9)
Geheimnis des Glaubens	Die drei Frauen am Grabe (Mk 16,5-6)
Unendliche Freude	Heimsuchung (Lk 1,40)

Kurze Geschichte des Albani-Kodex, dem die elf »himmlischen« Abbildungen entnommen sind

Diese Handschrift, ein Pergament-Kodex, der auch »Psalter der Christina von Markyate« genannt wird, wurde in der Abtei St. Albans bei London zwischen 1123 und 1135 hergestellt. Der 418 Pergament-Seiten umfassende Psalter gehört zu den bedeutendsten Werken der Buchmalerei des 12. Jahrhunderts. 211 Initialen, 17 farbig lavierte Federzeichnungen und 42 ganzseitige Miniaturen – vornehmlich Szenen aus dem Neuen Testament – schmücken den Kodex.
Der Psalter beinhaltet ein Kalendarium, die altfranzösische Vita des hl. Alexius, einen Brief Papst Gregors des Großen an Secundinus mit altfranzösischer Übersetzung (vom rechten christlichen Umgang mit Bildern), einen lateinischen Text über den geistlichen Kampf und den lateinischen Psalter in der gallicanischen Version mit Cantica, Vaterunser, Glaubensbekenntnis, Litanei und Orationen.
Der musizierende David als Autor der Psalmen bildet den Schluß dieser Handschrift.
Erstbesitzerin war die Einsiedlerin Christina von Markyate, die innerhalb des Benediktinerklosters von St. Albans um 1123

die Eremitei, eine klösterliche Frauengemeinschaft, übernommen hatte. Sie starb nach 1155.
Ihr wichtigster Förderer und Mentor war der Abt Geoffrey von St. Albans (1119-1146). Auf seine Initiative und Konzeption hin dürfte die Herstellung des Psalters im Scriptorium von St. Albans zurückzuführen sein.
Dieser Psalter der Christina von Markyate ist eine in mehreren Schüben entstandene Handschrift, deren ungewöhnlicher, ja singulärer Charakter mit der geistigen Freundschaftsbeziehung zwischen Abt Geoffrey von St. Albans und Christina zusammenhängt. Der Abt, dem ein hervorragendes Scriptorium zur Verfügung stand, ließ das Gebetbuch seiner Freundin immer reicher mit Meditationsbildern und -texten ausstatten. Die meisten Texte der Handschrift sind lateinisch, einige in Altfranzösisch, der offiziellen Landessprache in England seit der normannischen Eroberung 1066. Altfranzösisch war auch die Muttersprache des Normannen Geoffrey, der nicht nur einige Texte geschrieben, sondern auch selbst verfaßt hat. Christina, die aus einer vornehmen angelsächsischen Familie stammte, besaß über ihre Muttersprache hinaus noch französische und lateinische Sprachkenntnisse.
Der älteste und wohl faszinierendste Bestandteil der Handschrift ist der Bilderzyklus, der um 1123 entstand. Dieser macht den großen Ruhm des Albani-Psalters aus.

Die Wurzeln dieser hohen und sensiblen Kunst sind vor allem in der byzantinisch beeinflußten Malerei Italiens und Westfrankreichs zu suchen. Der Maler, der sogenannte Alexismeister, der mit seiner Werkstatt längere Zeit für das Scriptorium von St. Albans tätig war, dürfte ein hochgebildeter und weitgereister Mann gewesen sein.

Die Bilder, die in Deckfarbenmalerei ausgeführt sind, zeigen den Durchbruch neuer Gestaltungsprinzipien der Hochromanik an. Dem entspricht auch die von der Farbe unterstützte neue Kompositionsweise:

Vor einem starkfarbigen, betont flächigen Hintergrund bewegen sich die auffällig langen und schmalen Figuren, gemessen, mit verhaltenen Gesten, häufig im Profil aufeinander bezogen. Trotz ihrer Verhaltenheit ist den überschlanken Figuren eine große Ausdruckskraft eigen.

Den Albani-Kodex umgibt bis heute eine abenteuerliche Geschichte. Nachweislich ist, daß sich die kostbare Handschrift im 16. Jh. noch in England befand. Ab 1657 war sie im Besitz der englischen Benediktiner in Lamspringe (Niedersachsen) – wie aus dem Eintrag »Liber Monasterii Lambspring« hervorgeht.

Heute gehört der Psalter zur Bischöflichen Dombibliothek in Hildesheim und befindet sich – unzugänglich und unter strengem Verschluß – in der St. Godehard-Basilika von Hildesheim.

Literatur

– Adolph Goldschmidt: Der Albanipsalter in Hildesheim und seine Beziehung zur Symbolischen Kirchensculptur des XII. Jahrhunderts. Berlin 1895

– Handschriften der Dombibliothek zu Hildesheim. 2. Teil. Beschrieben von R. Giermann und H. Härtel. Wiesbaden 1993

– Lexikon des gesamten Buchwesens. Herausgegeben von Severin Corsten, Günter Pflug und Friedrich Adolf Schmidt-Künsenmüller. Band I: A – Buch. Stuttgart 1987[2]

– Ursula Nilgen: Psalter der Christina von Markyate, sogenannter Albani-Psalter. In: Der Schatz von St. Godehard. Diözesan-Museum Hildesheim. Herausgegeben von Michael Brandt. Hildesheim 1988, 152-165

– The St. Albans Psalter (Albani Psalter). Studies of the Warburg Institute. Edited by G. Bing. Vol. 25. University of London. London 1960

Quellennachweis

Die Kurztexte wurden entnommen aus:

Peter Dyckhoff, Das Kosmische Gebet. Einübung nach Origenes, Kösel-Verlag München 1994;
Peter Dyckhoff, Das Ruhegebet. Einübung nach Cassian, Kösel-Verlag München 1992;
Peter Dyckhoff, Das Mystische Gebet. Einübung nach Dionysius, Kösel-Verlag München 1996.

Die Quellennachweise richten sich nach den Seitenangaben der »Himmlischen Gedanken« und folgenden Abkürzungen, die sich sowohl auf die drei o.g. Übungsbücher als auch auf die Originalquellen von Origenes, Cassian und Dionysius beziehen:

1. Origenes
Das Kosmische Gebet = KG
Vom Gebet = PE (Peri Euches)
Vier Bücher von den Prinzipien = PA (Peri Archon)
Gegen Celsus = CC (Contra Cel.)

2. Johannes Cassian
Das Ruhegebet = RG
9. Unterredung mit den Vätern = Coll IX (Collationes patrum)
10. Unterredung mit den Vätern = Coll X (Collationes patrum)

3. Dionysius Areopagita
Das Mystische Gebet = MG
Himmlische Hierarchie = CH (De coelesti hierarchia)
Kirchliche Hierarchie = EH (De ecclesiastica hierarchia)
Mystische Theologie = MTh (De mystica theologia)
Göttliche Namen = DN (De divinis nominibus)
8. Brief = EP8

Seite 17:
— (MG, 56 - Dionysius CH)
— (KG, 32 - Antwort)
— (KG, 113 - Origenes PE XXVI)
— (RG, 102 - Antwort)

Seite 18:
— (KG, 100 - Origenes PE XXIII)
— (KG, 61 - Origenes PE XI)
— (MG, 118 - Dionysius CH)
— (KG, 143 - Origenes PE XXIX)
— (MG, 91 - Dionysius CH)

Seite 19:
— (MG, 68 - Dionysius CH)
— (RG, 50 - Cassian Coll IX)
— (KG, 97 - Origenes PE XXII)
— (RG, 107 - Cassian Coll X,11)
— (KG, 68 - Origenes PE XIII)

Seite 20:
— (RG, 114 - Cassian Coll X)
— (KG, 60 - Origenes PE XI)
— (MG, 57 - Dionysius CH)
— (RG, 92 - Antwort)

Seite 21:
— (KG, 114 - Origenes PE XXVI)
— (RG, 49 - Cassian Coll IX)
— (KG, 46 - Antwort)
— (KG, 95 - Origenes PE XXII)
— (KG, 134 - Origenes PE XXIX)

Seite 22:
— (KG, 135 - Origenes PE XXIX)
— (KG, 76 - Origenes PE XVI)
— (MG, 41 - Dionysius Mth)
— (MG, 19 - Einleitung)

Seite 23:
— ((MG, 16 - Einleitung)
— ((RG, 85 - Cassian Coll X)
— ((MG, 44 - Dionysius Mth)

Seite 29:
— (RG, 90 - Cassian Coll X)
— (RG, 29 - Cassian Coll IX)
— (RG, 114 - Cassian Coll X)
— (MG, 99 - Dionysius CH)

Seite 30:
— (RG, 36 - Cassian Coll IX)
— (MG, 43 - Dionysius Mth)
— (RG, 73 - Cassian Coll IX)
— (RG, 109 - Antwort)
— (KG, 117 - Origenes PE XXVII)

Seite 31:
— (RG, 34 - Cassian Coll IX)
— (RG; 36 - Cassian Coll IX)
— (RG, 55 - Cassian Coll IX)
— (RG, 106 - Antwort)
— (RG, 109 - Cassian Coll X)

Seite 32:
— (RG, 112 - Cassian Coll X)
— (KG, 136 - Origenes PE XXIX)
— (KG, 118 - Origenes PE XXVII)
— (KG, 135 - Origenes PE XXIX)
— (RG, 41 - Antwort)

Seite 33:
— (RG, 28 - Cassian Coll IX)
— (KG, 36 - Origenes PE XXXI)
— (RG, 34 - Cassian Coll IX)
— (MG, 55 - Dionysius CH)
— (MG, 124 - Dionysius CH)

Seite 34:
— (RG, 99 - Antwort)
— ((RG, 91 - Cassian Coll X)
— (KG, 92 - Origenes PE XXI)
— (KG, 122 - Origenes CC VIII, 30)
— (MG, 19 - Einleitung)
— (RG, 31 - Cassian Coll IX)
— (MG, 49 - Dionysius Mth)

Seite 35:
— (RG, 32 - Antwort)
— (MG, 43 - Dionysius Mth)
— (RG, 103 - Cassian Coll X)
— (MG, 49 - Dionysius Mth)
— (KG, 62 - Origenes PE XII)

Seite 41:
— (MG, 31 - Dionysius Ep 8, 1097 C)
— (MG, 99 - Dionysius CH)
— (MG, 49 - Dionysius Mth)
— (KG, 148 - Antwort)
— (KG, 144 - Origenes PE XXIX)
— (KG, 19 - Einleitung)

Seite 42:
— (KG, 21 - Origenes CC IV 1,22)
— (KG, 109 - Origenes PE XXV)
— (RG, 30 - Antwort)
— (KG, 90 - Origenes PE XX,2)
— (KG, 51 - Origenes PE IX)

Seite 43:
— (MG, 49 - Dionysius CH)
— (KG, 89 - Origenes PE XX)
— (KG, 18 - Origenes CC III, 69)

Seite 44:
— (KG, 90 - Origenes PE XX)
— (KG, 89 - Origenes PE XX, 2)
— (KG, 45 - Origenes PE VI)
— (KG, 19 - Origenes PA I 3,6)

Seite 45:
— (KG, 44 - Origenes PE VI)
— (KG, 67 - Origenes PE VIII)
— (KG, 115 - Antwort)
— (KG, 145 - Origenes PA I 3,8)

Seite 46:
- (MG, 101 - Dionysius CH)
- (MG, 91 - Dionysius CH)
- (KG, 43 - Origenes PE VI)
- (KG, 90 - Antwort)
- (KG, 22 - Einleitung)

Seite 47:
- (MG, 20 - Vorwort)
- (MG, 49 - Dionysius Mth)
- (MG, 92 - Dionysius CH)
- (MG, 107 - Dionysius CH

Seite 48:
- (RG, 101 - Cassian Coll X, 13)
- (MG, 31 - Dionysius Ep 8)
- (KG, 127 - Origenes PE XXVIII)

Seite 53:
- (RG, 94 - Cassian Coll X)
- (KG, 45 - Origenes PE VI)
- (KG, 61 - Origenes PE XI)
- (KG, 68 - Origenes PE XIII)
- (RG, 60 - Cassian Coll IX, 26)

Seite 54:
- (KG, 125 - Origenes PE XXVIII)
- (KG, 146 - Origenes PE XXX)
- (RG, 68 - Cassian Coll IX)
- (KG, 59 - Origenes PE XI)
- (KG, 72 - Origenes PE XXXIII)

Seite 55:
- (KG, 59 - Origenes PE XI)
- (MG, 67 - Dionysius CH)
- (MG, 30 - Dionysius EH, 561A)
- (RG, 112 - Antwort)
- (RG, 37 - Antwort)

Seite 56:
- (RG, 114 - Antwort)
- (KG, 72 - Origenes PE XXXIII)
- (KG, 20 - Einleitung)

Seite 61:
- (KG, 111 - Antwort)
- (MG, 67 - Dionysius CH)
- (KG, 127 - Antwort)
- (KG, 125 - Origenes PE XXVIII)
- (RG, 42 - Antwort)

Seite 62:
- (KG, 54 - Origenes PE IX)
- (KG, 103 - Origenes PE XXIV)
- (KG, 80 - Origenes PE XVII)
- (KG, 72 - Origenes PE XXXIV)

Seite 63:
- (KG, 118 - Origenes PE XXVII)
- (KG, 133 - Antwort)
- (KG, 128 - Origenes PE XXVIII)
- (RG, 56 - Cassian Coll IX)

Seite 64:
— (KG, 125 - Origenes PE XXVIII)
— (KG, 125 - Origenes PE XXVIII)
— (KG, 128 - Origenes PE XXVIII)
— (KG, 119 - Antwort)

Seite 65:
— (MG, 108 - Dionysius CH)
— (MG, 68 - Dionysius CH)
— (KG, 127 - Origenes PE XXVIII)
— (RG, 53 - Antwort)

Seite 66:
— (MG, 66 - Dionysius CH)

Seite 71:
— (MG, 62 - Dionysius CH)
— (RG, 43 - Cassian Coll IX)
— (KG, 53 - Origenes PE IX, 2 - 3)
— (RG, 69 - Cassian Coll IX)

Seite 72:
— (RG, 30 - Cassian Coll IX)
— (RG, 69 - Cassian Coll IX)
— (KG, 49 - Origenes PE IX)
— (RG, 33 - Antwort)

Seite 73:
— (KG, 105 - Origenes PE XXIV)
— (RG, 53 - Cassian Coll IX)
— (RG, 108 - Antwort)
— (RG, 115 - Cassian Coll X, 14)
— (RG, 66 - Cassian Coll IX)

Seite 74:
— (RG, 66 - Cassian Coll IX)
— (KG, 114 - Origenes PE XXVI)
— (KG, 114 - Origenes PE XXVI)
— (KG, 75 - Origenes PE XIV)
— (KG, 25 - Einleitung)
— (RG, 57 - Cassian Coll IX)

Seite 75:
— (KG, 97 - Origenes PE XXIII)
— (KG, 56 - Origenes PE X)
— (MG, 54 - Dionysius CH)

Seite 81:
— (KG, 88 - Origenes PE XIX, 3)
— (RG, 95 - Cassian Coll X)
— (MG, 25 - Einleitung)

Seite 82:
— (MG, 70 - Dionysius CH)
— (MG, 69 - Dionysius CH)
— (MG, 69 - Dionysius CH)
— (MG, 93 - Dionysius CH)

Seite 83:
— (MG, 119 - Dionysius CH)
— (KG, 60 - Antwort)
— (MG, 100 - Dionysius CH)
— (MG, 97 - Dionysius CH)

Seite 84:
— (MG, 97 - Dionysius CH)
— (MG, 70 - Dionysius CH)
— (MG, 81 - Dionysius CH)
— (MG, 95 - Dionysius CH)
— (MG, 130 - Dionysius CH)

Seite 85:
— (MG, 91 - Dionysius CH)
— (MG, 90 - Dionysius CH)
— (MG, 22 - Einleitung)
— (MG, 77 - Dionysius CH)
— (MG, 90 - Dionysius CH)

Seite 86:
— (MG, 104 - Dionysius CH)
— (MG, 85 - Dionysius CH)
— (MG, 108 - Dionysius CH)
— (MG, 69 - Dionysius CH)
— (KG, 120 - Origenes PE XXVII)

Seite 87:
— (MG, 84 - Dionysius CH)
— (MG, 104 - Dionysius CH)
— (MG, 108 - Dionysius CH)

Seite 93:
— (KG, 105 - Origenes PA IV)
— (KG, 81 - Origenes PE XVII)
— (KG, 31 - Origenes PE II)
— (RG, 77 - Cassian Coll X)

Seite 94:
— (KG, 17 - Einleitung)
— (RG, 46 - Antwort)
— (MG, 123 - Dionysius CH)
— (KG, 88 - Origenes PE IX)
— (KG, 24 - Einleitung)

Seite 95:
— (KG, 103 - Origenes PE XXIV)
— (KG, 93 - Origenes PE XXI)
— (MG, 54 - Dionysius CH)
— (MG, 68 - Dionysius CH)
— (KG, 49 - Origenes PE VIII)

Seite 96:
— (KG, 102 - Antwort)
— (MG, 108 - Dionysius CH)
— (KG, 148 - Origenes PE XXX)
— (MG, 20 - Einleitung)
— (MG, 22 - Einleitung)
— (KG, 131 - Origenes PE XXIX)

Seite 97:
— (KG, 17 -. Einleitung)
— (MG, 28 - Dionysius Mth)
— (RG, 78 - Antwort)
— (KG, 20 - Origenes PA II 9,8)
— (KG, 138 - Origenes PE XXIX)

Seite 98:
— (KG, 120 - Origenes PE XXVII)
— (KG, 55 - Origenes PE X)

Seite 103:
— (MG, 101 - Dionysius CH)
— (MG, 65 - Dionysius CH)
— (MG, 65 - Dionysius CH)
— (MG, 68 - Dionysius CH)

Seite 104:
— (MG, 33 - Dionysius DN III,1)
— (MG, 35 - Dionysius DN III,1)
— (MG, 103 - Dionysius CH)
— (MG, 92 - Dionysius CH)
— (MG, 92 - Dionysius CH)
— (MG, 31 - Dionysius EH 428 C)

Seite 105:
— (MG, 86 - Dionysius CH)
— (MG, 61 - Dionysius CH)
— (MG, 46 - Dionysius Mth)
— (MG, 94 - Dionysius Mth)
— (MG, 21 - Einleitung)
— (MG, 41 - Dionysius Mth)

Seite 106:
— (MG, 20 - Einleitung)
— (KG, 96 - Origenes PE XXIII)
— (KG, 97 - Origenes PE XXII)
— (KG, 24 - Einleitung)

Seite 107:
— (MG, 63 - Dionysius CH)

Seite 113:
— (KG, 92 - Origenes PE XXI, 2)
— (KG, 27 - Origenes PE I)
— (KG, 16 - Einleitung)

Seite 114:
— (KG, 28 - Origenes I)
— (RG, 71 - Cassian Coll IX)
— (MG, 28 - Dionysius Mth)
— (RG, 108 - Cassian Coll X)
— (MG, 96 - Dionysius CH)
— (MG, 33 - Dionysius DN III, 1)
— (KG, 142 - Origenes PA II 3,7)

Seite 115:
— (RG, 70 - Cassian Coll IX)
— (MG, 21 - Einleitung)

Seite 121:
— (KG, 147 - Origenes PE XXX)
— (MG, 130 - Dionysius CH)
— (KG, 81 - Origenes PE XVII)
— (KG, 25 - Einleitung)

Seite 122:
— (KG, 26 - Einleitung)
— (KG, 106 - Origenes PE XXV)
— (KG, 124 - Origenes PE XXVII)
— (RG, 65 - Cassian Coll IX)
— (MG, 47 - Dionysius Mth)
— (MG, 55 - Dionysius CH)

Seite 123:
— (MG, 21 - Einleitung)
— (MG, 130 - Dionysius CH)